Fabian Vogt

Luther für Neugierige

Fabian Vogt

Luther für Neugierige

Das kleine Handbuch

des evangelischen Glaubens

EVANGELISCHE VERLAGSANSTALT
Leipzig

Fabian Vogt, geboren 1967 in Frankfurt am Main, ist Schriftsteller und Künstler, wenn er nicht gerade als promovierter Teilzeit-Theologe kreative Ideen für „kirchliche Kommunikationskonzepte" entwickelt – oder seine Leidenschaft für Geschichten auf der Kabarettbühne auslebt („Duo Camillo"). Für sein Roman-Debüt „Zurück" wurde er mit dem „Deutschen Science Fiction-Preis" ausgezeichnet, zudem hat er mehrere Kleinkunstauszeichnungen erhalten. Fabian Vogt lebt mit seiner Familie im Vordertaunus.

In der Reihe „Für Neugierige" sind bislang erschienen:
→ „Luther für Neugierige"
→ „Bibel für Neugierige"
→ „Kirchengeschichten für Neugierige"
→ „Gott für Neugierige"

Bibliographische Information der Deutschen Nationalbibliothek

Die Deutsche Nationalbibliothek verzeichnet diese Publikation in der Deutschen Nationalbibliographie; detaillierte bibliographische Daten sind im Internet über http://dnb.dnb.de abrufbar.

7. Auflage 2017
© 2012 by Evangelische Verlagsanstalt GmbH · Leipzig
Printed in Germany · H 8032

Das Buch wurde auf alterungsbeständigem Papier gedruckt.

Satz: Kai-Michael Gustmann, Leipzig
Cover: Anja Haß, Frankfurt am Main
Autorenfoto: Nicole Kohlhepp © 2011 Gemeinnützige MEDIENHAUS GmbH, Frankfurt am Main
Druck und Binden: BELTZ Bad Langensalza GmbH

ISBN 978-3-374-04431-3
www.eva-leipzig.de

Für Martin L.

Inhalt

An unserer Freude sehen wir, wie stark wir glauben. Denn wer stark glaubt, der freut sich.
— Martin Luther —

Vorwort

Wie war das noch mal mit Luther und der Reformation? Was glauben evangelische Christinnen und Christen – und was nicht? Wie benimmt man sich in einem Gottesdienst? Was genau passiert beim Abendmahl? Worum geht es eigentlich in der Bibel? Ist Katechismus etwas Ansteckendes? Gilt Gottes Gnade wirklich allen Menschen? (Also auch dem irren Typen von nebenan, der seine hässlichen Sträucher durch unseren Zaun wuchern lässt?) Dürfen evangelische Männer katholische Frauen küssen? Und wollen sie das überhaupt? Oder wären solche interkonfessionellen Lippenbekenntnisse ein Sakrileg, das mit sofortiger Exkommunikation (radikalem Ausschluss aus der Kirche) bestraft werden sollte? Und: Sammeln evangelische Christen auch Reliquien? (Das sind meist kleine Stücke von Toten, die als besonders heilig gelten.) Wenn nein, warum eigentlich nicht? Wäre doch nett, oder?

Fragen über Fragen. Und mal ganz ehrlich! So einfach ist das mit dem Evangelisch-Sein nicht. Was meint das denn: „evangelischer Glaube"? Eines macht jedenfalls stutzig: Es treten regelmäßig Leute aus der evangelischen Kirche aus, weil der Papst irgendwas gesagt hat, was ihnen nicht gefällt. Kein Scherz! Das passiert andauernd. Und ich behaupte: Würde man heute in der Bevölkerung eine Umfrage machen, was denn das Besondere, das wahrhaft Schöne am „Evangelischen" ist, dann wären die meisten Menschen ziemlich überfordert: „Äh, nun ..." Ja, selbst alteingesessene Protestanten wissen zwar, dass „wir irgendwie anders glauben als die Katholiken" – aber was und wie, das ... also das ... das ist eben anders. Und es fällt vielen schwer, dieses „anders" zu definieren. Dementsprechend fällt es den meisten Evangelischen auch schwer, ihr Selbstverständnis profiliert und einladend zu vermitteln. Und wenn es dann auch noch darum geht, zwischen „lutherisch" und „reformiert" oder „uniert" – also den verschiedenen protestantischen Richtungen – zu unterscheiden, dann ... ja, dann ... dann ist man halt irgendwie evangelisch. Irgendwie!

Diesen Zustand möchte das vorliegende Buch gern ändern. Und zwar mit einem Augenzwinkern und einer gehörigen Portion Heiterkeit. Natürlich könnte man zum Thema „Was ist evangelisch?" endlos Fakten anhäufen und hochgeistige theologische Abhandlungen verfassen – aber das macht keinen Spaß. Mir jedenfalls nicht. Und Martin Luther, der uns das mit den verschiedenen Konfessionen ja eingebrockt hat, war immer ein Freund von frechen Formulierungen, markigen Sprüchen und heiteren Betrachtungen. Er hat mal geschrieben: „Eines ist klar: Wenn man über die Rechtfertigung predigt, dann schlafen die Leute ein oder husten; wenn man aber anfängt, Geschichten zu erzählen und anschauliche Beispiele zu bringen, dann spitzen sie die Ohren und hören aufmerksam zu." In diesem Sinne soll „Luther für Neugierige" Lust machen, auf unterhaltsame Weise die Feinheiten, aber auch die Ecken und Kanten des Protestantismus kennenzulernen. Und keine Sorge: Glauben hat immer mit Lebensfreude zu tun – das darf man auch spüren, wenn man sich damit auseinandersetzt.

Möchte man im 21. Jahrhundert irgendwoher Antworten bekommen – etwa weil der Computer kryptische Warnmeldungen ausspuckt, das Auto fürchterlich quietscht und qualmt, ein unbekanntes, zwei Meter langes Reptil im Garten herumkriecht oder die Liebesbeziehung in die Weltfinanzkrise gerät –, dann googelt man. Mehr oder weniger erfolgreich. Oder man besorgt sich … genau: ein Handbuch. Zum Nachschlagen. Und das, was Sie gerade in den Händen halten, ist ein Handbuch. Eben eines des evangelischen Glaubens. Und es hat den festen Willen, Ihre Fragen zu beantworten: Fundiert, hilfreich, übersichtlich und fröhlich verschafft es einen Überblick über die Entwicklung des Protestantismus, seine Geschichte, seine Kirche(n) und seine kulturellen Erscheinungsformen. Das heißt: Sie können dieses Buch von vorne nach hinten lesen oder sich einfach die Kapitel raussuchen, die Sie besonders interessieren. Lesen Sie so, wie es Ihnen guttut. Ich bin der Überzeugung: Das mit dem Glauben an Gott ist schon herausfordernd genug, da darf man sich mit dem nötigen Hintergrundwissen ruhig entspannt auseinandersetzen.

Nun könnte natürlich jemand kritisch anmerken: „Ist das mit dem Evangelischen im Zeitalter des Relativismus wirklich noch entscheidend? Nähern sich die Religionen und Konfessionen nicht ohnehin immer weiter aneinander an? Ist es nicht egal, was man glaubt?" Na, da bin ich anderer Meinung! Mitgliederbefragungen der „Evangelischen Kirche in Deutschland" (EKD) belegen nämlich, dass die Menschen zwar nicht weniger glauben als früher (im Gegenteil, man spricht in der Forschung sogar von einer „Renaissance des Religiösen"), aber sie wissen immer weniger, was sie da glauben. Gar nicht schön. Denn ich behaupte: Mit „unscharfen" Glaubensvorstellungen ist es wie mit einem Messer, das immer stumpfer wird. Irgendwann wundert man sich, dass man damit das „Brot des Lebens" nicht mehr so richtig schneiden kann. Was ist dann die Konsequenz? Ganz einfach: Man schmeißt das Ding weg. Wer braucht schon ein stumpfes Messer? Wirklich! Fragt man einen repräsentativen Personenkreis nach seinem Glauben, dann bekommt man in Deutschland als Antwort immer öfter: „Ja, natürlich glaube ich ... an eine höhere Macht. Irgendwie gibt es da etwas, das Einfluss auf mein Leben hat. Jesus finde ich übrigens gut. Buddha auch. Und ich habe auch schon mal im 8. Jahrhundert gelebt – als rheumatischer Korbflechter in Offenbach. Und mittwochs rede ich per Kassettenrekorder mit meiner verstorbenen Erbtante, damit sie ihr Testament noch ändert." Mit dem lebendigen Gott der Bibel, der in Jesus Mensch wird, um seinen Geschöpfen ganz nah zu sein, hat diese diffuse „Macht" kaum noch was zu tun. Und schwammige Ansichten helfen niemandem, das Leben zu bewältigen.

Mein Wunsch ist, dass dieses Handbuch den Glauben „schärft" – wie ein Schleifstein ein Messer. Denn erst ein klarer, eigenständiger und bewusster Standpunkt macht diskussionsfähig und hilft, sich mit den eigenen und den Fragen anderer konstruktiv auseinanderzusetzen. Darum ist dieser freche Blick auf den evangelischen Glauben eines ganz gewiss nicht: anti-katholisch. Im Gegenteil. Wenn ich ermutigen will, das evangelische Profil zu schärfen, dann auch, weil ökumenische Arbeit erst sinnvoll wird, wenn man weiß, wer man selbst ist und welche Werte man vertritt. Insofern möchte „Luther für Neugierige" tatsächlich ein konfessionsübergreifendes Lesevergnügen sein: für wissbegierige Evangelische, neugierige Kirchendistanzierte und mutige Katholiken. Ganz gleich, ob Sie das Buch selbst erworben, zur Konfirmation, als Abschreckung oder zum Geburtstag bekommen haben: Steigen Sie ein in die wundersame Welt des evangelischen Glaubens!

Zuvor aber versetzen Sie sich gedanklich bitte einmal ganz kurz in das Jahr 1517. Da fing nämlich alles an. Am letzten Tag im Oktober rafft ein junger Priester seine Kutte, steigt die Stufen zur Wittenberger Schlosskirche empor und nagelt dort 95 Thesen an die Tür, die sich kritisch mit dem auswuchernden Ablasshandel beschäftigen. Diese Thesen sollen zum Gespräch anregen. Das war damals so üblich: Die Kirchentür wurde wie eine Litfaßsäule genutzt, an der man sich öffentlich äußerte.[1] Und Martin Luther, so heißt der Querdenker, findet es merkwürdig, dass man seit einiger Zeit für seine Sünden mit Geld bezahlen und sie dadurch (angeblich) bei Gott ablösen konnte: „Buy one, get one free" – sprich: Kauf dir einen Ablass, dann hast du eine Sünde frei. Wie gesagt: Der Thesen-Anschlag sollte ein Beitrag zu einer ohnehin laufenden öffentlichen Diskussion sein. Und keiner, auch Luther selbst nicht, konnte ahnen, welche weltbewegenden Folgen seine 95 kritischen Anmerkungen haben würden: Jemand schrieb Gegenthesen, es kam zu Streitgesprächen, die immer weiter eskalierten, im ganzen Land wurde an den Stammtischen und an den Hochschulen theologisiert, die Dominikaner zeigten den Wittenberger Wirrkopf Luther beim Papst in Rom an – und so weiter. Und der junge Priester, der eigentlich nur in seiner Kirche die Meinungsbildung hatte fördern wollen, war plötzlich der Kopf einer eigenen geistlichen Bewegung. Einer Bewegung, die von Anfang an massiv bekämpft wurde, sich bald in Kriege verwickelt sah und auf einmal überall Anhänger fand. Vielleicht, weil ihre Botschaft von der „Barmherzigkeit Gottes" eine ungeheure Freiheit in sich trägt, die „Freiheit eines Christenmenschen", wie Martin Luther selbst sie nannte. Allerdings: Statt einer christlichen Kirche gab es auf einmal zwei, dann noch mehr – eine ganze Vielfalt von Konfessionen, die seither miteinander um die Wahrheit des Glaubens ringen. Manchmal frage ich mich: Wenn Luther gewusst hätte, was seine Hammerschläge auslösen, hätte er seine Thesen dann trotzdem angeschlagen? Na?

---

1   Ich weiß, dass die Geschichte mit der Kirchentür heute umstritten ist. Trotzdem ist sie wunderschön. Und es bleibt dabei: Die Thesen Luthers haben die Reformation ausgelöst. Ob sie nun an einem Türflügel oder an einem Wurstbottich hingen, ist relativ egal.

Ich glaube schon. Oder wie der große Reformator gesagt haben soll: „Hier stehe ich. Ich kann nicht anders."

Eine kurze Vorbemerkung noch: In diesem kleinen Handbuch verwende ich die Begriffe „evangelisch" und „protestantisch" – wie die meisten Menschen – quasi synonym. Ich möchte aber den charmanten Erbsenzählern sofort zurufen: „Ich weiß natürlich, dass es da einen Unterschied gibt." Die Bezeichnung „protestantisch" entstand nach dem Protest einiger Fürsten, die auf dem Reichstag von Speyer im Jahr 1529 der katholischen Mehrheit widersprachen. (Das wird in diesem Buch auch noch genauer erläutert.) Sie ist also mehr ein politischer Titel, der heute gerne als kultureller Sammelbegriff verwendet wird. „Evangelisch" dagegen ist die vom Glaubensverständnis bestimmte Selbstbezeichnung all der Kirchen und Christen, die aus der Reformation hervorgegangen sind. „Evangelisch" bezieht sich dabei auf das Evangelium in der Bibel und hat somit eine deutlich stärkere inhaltliche Ausrichtung. Tja, und um das Kuddelmuddel noch zu vervollständigen, sei erwähnt, dass die „evangelischen Kirchen" im Englischen „protestant churches" heißen. Wer soll da noch durchblicken? Also: Weil dies ein Handbuch für Neugierige ist, das vor allem wichtige Zusammenhänge deutlich machen will, sei die kleine sprachliche Ungenauigkeit mit „evangelisch" und „protestantisch" erlaubt.

So, und jetzt lassen Sie uns gemeinsam versuchen, dem Geheimnis von Martin Luther, diesem übermütigen Mann aus dem 16. Jahrhundert, auf die Spur zu kommen und zu verstehen, warum seine Erkenntnisse von Gott für die Welt so bahnbrechend waren und bis heute sind. Es lohnt sich.

Eine anregende Lektüre wünscht

Fabian Vogt

Gottes Barmherzigkeit ist wie der Himmel.
Unter diesem Dach sind wir sicher, wo immer wir auch sind.
— Martin Luther —

Der evangelische Glaube

Die überwiegende Mehrheit der Menschen ist religiös. Ja, wirklich! Die „Ungläubigen" (oder besser: Atheisten = ohne Gott Seiende) sind weltweit betrachtet eher eine Randgruppe (~ 4 %). In Europa allerdings eine spürbar wachsende. Seit die Denker der Aufklärung die westliche Welt ermutigt haben, alle Autoritäten kritisch infrage zu stellen, und die empirischen Wissenschaften nur noch das gelten lassen, was man beweisen oder mit dem Verstand erklären kann, tun sich viele Leute mit dem Glauben zunehmend schwer. Schade – eigentlich. Denn ein gesunder Glaube braucht den Verstand. Zugleich ist es ja ein besonderes Zeichen von Vernunft zu erkennen, dass man eben nicht alle Dinge auf der Erde erklären kann: die Liebe zum Beispiel, die Hoffnung, das Vertrauen, den Glauben, die Schönheit, Gott – ja, nicht einmal den beinahe unwirklichen Erfolg von Cro oder Helene Fischer.

Logisches und rationales Denken sind unglaublich wichtig. Aber: Wer nur glaubt, was er sieht, der führt auch ein ziemlich reduziertes und verkopftes Leben. Fast möchte man sagen: langweilig. Denn selbst wenn jemand nicht an einen Gott glauben kann, wird sein Leben erst dann reich, wenn er sich von Geschichten, Fantasien, Emotionen und der Frage nach dem Sinn seines Daseins berühren lässt. Das alles aber sind Erfahrungen und Zugänge zum Leben, die sich partout nicht beweisen oder erklären, sondern eben nur erleben und genießen lassen. Glauben berührt eine andere Dimension des Lebens als das Verstehen.

Zudem sind sich die Philosophen aller Völker und Epochen einig, dass zu einem guten Leben Antworten auf die drei Grundfragen jeder Existenz gehörten: „Woher komme ich? Wohin gehe ich? Und wozu bin ich da?" (Nebenbei: „Mama", „Friedhof" und „Hauptsache Spaß" sind auf Dauer keine befriedigende Reaktion auf diese substanziellen Herausforderungen.) Wer solche Fragen verdrängt, beraubt sich selbst seines Fundaments. Außerdem fällt es ihm auch schwer, über sich hinauszuwachsen und sich als Teil der Weltgemeinschaft zu entdecken. Martin Luther hat diesen Gedanken einmal so ausgedrückt: „Das ist Glauben: Dass ein Mensch fühlt, was ihm fehlt, und er von dieser Krankheit gerne geheilt wäre" (→ *Martin Luther und seine Welt*).

Was man über die Weltreligionen wissen sollte

Religionen sind Versuche einer tragfähigen Antwort auf die großen Fragen der Menschheit. Und so unterschiedlich und bunt wie die Kulturen auf der Erde sind auch die Erscheinungsformen der Religion. Alle aber verbindet erstaunlicherweise die Vorstellung, dass das Leben des Menschen kein Zufall ist, sondern dass dahinter göttliche Kräfte walten. Komisch, oder? Tausende von ganz unterschiedlichen Völkern – und alle erklären sich die Geheimnisse des Menschseins mit der Existenz von himmlischen Mächten. Und alle empfinden das Bedürfnis, sich mit diesen Mächten in Verbindung zu setzen, mit ihnen zu kommunizieren. Weil das Dasein dadurch deutlich gestärkt und spürbar erfüllter wird.

Einige dieser Religionen haben sich im Lauf der Jahrtausende offensichtlich als tragfähiger und lebensstiftender als andere erwiesen. Und wenn ihre Anhänger dann sogar weltweit zu finden sind, spricht man gern von einer „Weltreligion". Diese Definition ist in den Zeiten globaler Mobilität allerdings etwas schwammig, weil auch Anhänger von Scientology (geschätzte 100.000) oder Zaroaster (~ 150.000) inzwischen auf jedem Kontinent zuhause sind. Egal. Wir zoomen uns in diesem Kapitel über die Weltreligionen und die christlichen Konfessionen langsam an den evangelischen Glauben heran. Voilà.

Klassischerweise spricht man von fünf großen Weltreligionen:

Christentum (etwa 2,3 Mrd. Anhänger)
Islam (etwa 1,6 Mrd. Anhänger)
Hinduismus (etwa 940 Mio. Anhänger)
Buddhismus (etwa 460 Mio. Anhänger)
Judentum (etwa 15 Mio. Anhänger)

Über diese Religionen sollte man Folgendes wissen:

Christentum

Das Christentum wurde im frühen 1. Jahrhundert von dem Juden Jesus von Nazareth in Palästina, dem heutigen Staat Israel, begründet. Nach seinem Ehrentitel „Christus" (= „der Gesalbte") ist auch unsere westliche Zeitrechnung benannt: vor und nach Christus (→ *Zehn wichtige Geschichten aus dem Neuen Testament*).

Jesus bezeichnete sich selbst mit einer eigenartigen Formulierung als „Menschensohn". Die ersten Christen beschrieben das außergewöhnliche Verhältnis zwischen Gott und Jesus dagegen meist mit der Bezeichnung „Sohn Gottes". Der „Sohn des Menschen" lehrte den Anbruch einer neuen Zeit, in der sich nach und nach das Himmelreich in der Welt durchsetzen und er selbst eine besondere Aufgabe erfüllen werde. Weil Jesu Botschaft von der bedingungslosen Liebe und der Freundlichkeit Gottes viele irritierte, wurde er am Kreuz hingerichtet. Nach drei Tagen stand er aber wieder von den Toten auf (Ostern) und zeigte sich seinen Anhängern, bevor er in den Himmel fuhr. Für die frühen Christen war dabei sehr wichtig: Obwohl sie Jesus nun nicht mehr sahen, spürten sie doch überall seine Anwesenheit. Sie erlebten weiterhin seine Gegenwart – und das nicht mehr auf einen Ort oder eine Zeit begrenzt.

Als Heilige Schrift gilt den Christen die Bibel, eine Sammlung aus jüdischen und nachösterlichen Schriften („Altes und Neues Testament"), die in einer Zeitspanne von etwa 1.400 Jahren entstanden.

Islam

Der Islam wurde Anfang des 7. Jahrhunderts von Mohammed (= „der Gepriesene"), einem Handelsreisenden, im heutigen Saudi-Arabien gegründet. Islam bedeutet sinngemäß „Ergebung in Gottes Willen", und Mohammed verstand sich als Überbringer einer Erlösungsbotschaft und als neuer Prophet des Gottes, der Allah („der Ewige") heißt und von dem auch das Alte Testament der Juden und Christen erzählt. Allerdings verkündete Mohammed diesen Gott ganz anders, so dass eine eigene Religion entstand.

„Der Gepriesene" lehrte, dass man Allah dadurch verehren könne, dass man die „Fünf Säulen des Islam" pflege: das Bekenntnis zur Einheit Gottes, das tägliche Gebet, das regelmäßige Fasten, die Durchführung einer Wallfahrt nach Mekka und das Spenden von Almosen. Wer in diesem Sinne als gläubiger Muslim sterbe, werde ins Paradies kommen.

Die heilige Schrift des Islam ist der Koran, eine Sammlung von Aussagen Mohammeds, die nach seinem Tod von einigen Anhängern zusammengefasst wurden.

Hinduismus

Der Hinduismus entwickelte sich im 2. Jahrhundert vor Christus in Indien. Er ging aus verschiedenen älteren Religionen hervor, die sich im Lauf der Zeit miteinander verbanden. In dieser Glaubensrichtung existieren daher sehr viele verschiedene Gottheiten, die verehrt und angebetet werden können.

Die Lehre des Hinduismus basiert auf dem Gedanken der Wiedergeburt: In allem Lebendigen ist ein Teil des göttlichen Geistes, der zu „Brahman", der göttlichen Urkraft, zurückfinden will. Ziel der Menschen muss es deshalb sein, den Kreislauf der Wiedergeburt zu überwinden. Dazu tragen Yoga, das Befolgen der Vedischen Texte und die Hingabe an einen Guru bei. Das Leben eines Menschen hat zudem großen Einfluss darauf, in welcher Kaste (= Bevölkerungsschicht) er wiedergeboren wird.

Es gibt im Hinduismus verschiedene heilige Schriften, die im Laufe der Jahrhunderte gesammelt wurden.

Buddhismus

Der Buddhismus wurde im 6. Jahrhundert vor Christus von Siddharta Gautama gegründet, einem nepalesischen Edelmann. Sein Ehrentitel lautet seither „der Buddha" (= „der Erleuchtete"), und er gilt als der vollkommene Verkünder der Weisheit.

Siddharta lehrte, dass das Verhalten eines Menschen großen Einfluss auf seine nächste Wiedergeburt habe. Nur durch die Überwindung der menschlichen Begierden und durch moralisches Verhalten könne man den ersehnten Status der Erleuchtung erreichen, das Nirwana. Im Nirwana wird der als negativ empfundene Kreislauf der Wiedergeburten endlich durchbrochen. Eine Gottheit im engeren

Sinne gibt es in dieser Religion nicht, eher ein göttliches System, dem der Glaubende entsprechen möchte.

Die heiligen Schriften des Buddhismus sind eine Sammlung von Predigten und Publikationen Buddhas.

Judentum

Das Judentum wurde im 2. Jahrtausend vor Christus von verschiedenen Väterfiguren gegründet (Abraham, Isaak, Jakob u. a.). Dabei schlossen sich wahrscheinlich mehrere Nomadenstämme und Völkergruppen zu einer Glaubensgemeinschaft zusammen, weil sie alle Erfahrungen mit der gleichen Gottheit gemacht hatten (→ *Zehn wichtige Geschichten aus dem Alten Testament*).

Die Juden verkündeten als erstes Volk die Hingabe an einen einzigen Gott (Monotheismus), dessen Wirken und Werte in der Heiligen Schrift überliefert sind. Dieser Gott begleitet sein auserwähltes Volk Israel durch die Zeit und sehnt sich nach einer liebevollen Beziehung zu den Menschen. Bis heute warten die Juden auf einen Messias, der die ursprünglich gute Schöpfung Gottes wiederherstellt.

Die Heilige Schrift des Judentums ist die Thora (= „Gesetz"), eine Textsammlung aus verschiedenen Epochen der jüdischen Geschichte.

Was man über die Konfessionen wissen sollte

Das Christentum verbreitete sich zu Beginn in einer für eine Religion unglaublichen Geschwindigkeit. Bereits Ende des 4. Jahrhunderts wurde es im Römischen Reich zur offiziellen Staatsreligion ernannt, erreichte bis zum 8. Jahrhundert die äußersten Winkel Europas und sprang dann mit den großen Forschern und Entdeckern im späten Mittelalter auch auf die anderen Kontinente über.

Allerdings: Schon in den ersten Jahrhunderten gab es heiße Diskussionen darüber, wie man das Leben Jesu denn nun genau verstehen müsse. Vor allem an der Frage, ob Jesus als „Sohn Gottes" „nur" ein besonderer Mensch oder wirklich selbst Gott war, schieden sich die Geister. Schließlich wollte man nicht zwei Götter haben – den im Himmel und den auf Erden. Man einigte sich deshalb nach langem Hickhack auf die freche Formel „Jesus ist wahrer Mensch und wahrer Gott zugleich". Aha! „Ja", sagten dann wieder andere, „aber wie geht das denn, dass Gott und Mensch in einer Person zusammenstecken?" Also wurde weiter gestritten. Diesmal kam man auf die etwas paradoxe Idee „Gott und Mensch sind in Jesus unvermischt, ungeschieden, unverwandelt und ungetrennt". Das müssen Sie nicht verstehen. Wirklich. So richtig versteht das eh keiner. Nicht mal Theologen. Es zeigt aber, dass im Christentum von Anfang an viel gestritten und gerungen wurde. Und oftmals spaltete sich dabei auch die gesamte Anhängerschaft einer bestimmten geistlichen Richtung ab, so dass neue Konfessionen („Bekenntnisse") entstanden.

Die meisten dieser Gruppen überlebten nicht lange, einige aber wurden zu großen Gemeinschaften, die schließlich als eigenständige christliche Kirche existierten. Hier kommt deshalb das Wichtigste, was Sie über die verschiedenen Konfessionen wissen sollten:

Katholisch

Die katholische Kirche beruft sich direkt auf Petrus, einen Jünger (= Schüler und Begleiter) Jesu, den sie als erstes geistliches Oberhaupt betrachtet und in dessen Tradition sie von Anbeginn des Christentums steht. Deshalb gibt es im Katholizismus kontinuierlich einen Papst, der als geistliches Oberhaupt und als Nachfolger von Petrus die Kirche leitet.

Weltweit sind mehr als eine Milliarde Menschen bekennende Katholiken. Das Geschenk des Glaubens bekommen sie in der Taufe. Aber der Glaube soll auch durch gute Werke, regelmäßige Glaubenspraxis und das Empfangen des Abendmahls gestärkt werden. Katholiken sind dabei der Überzeugung, dass im „Abendmahl" (ein Brauch, zu dem Jesus eingeladen hat) die Gaben „Brot und Wein" wahrhaftig zum Körper und zum Blut Jesu werden (das nennt sich: „Transsubstantiation" = „Wesensverwandlung") (→ *Was man über die Liturgie wissen sollte*).

Die Bibel enthält in der „katholischen Version" im Alten Testament 46 und im Neuen Testament 27 Schriften. Im Unterschied zur evangelischen Ausgabe findet man in ihr einige Texte, von denen Luther sagte, sie seien zwar „nützlich zu lesen", aber nicht in gleicher Weise heilig wie die anderen Texte. Interpretiert wird diese Sammlung dabei immer auch durch die Erfahrungen der Kirchengeschichte, schließlich ist die katholische Kirche nach eigenem Verständnis selbst „der Leib Christi", also die Vergegenwärtigung Jesu in der Welt.

Evangelisch

Die Gründung der evangelischen Kirchen wurde 1517 durch Martin Luther (→ *Martin Luther und seine Welt*) angestoßen. Luther ärgerte sich zu seiner Zeit vor allem über die Allmacht des Papstes, die Unverständlichkeit der mittelalterlichen Gottesdienste und den Gedanken, dass ein Mensch sich sein Heil verdienen oder erkaufen könnte. Wenig später, 1530, entstand dann die Augsburger Konfession, eine der ersten evangelischen Bekenntnisschriften.

Wie viele evangelische Christen es auf der Welt gibt, ist schwer zu sagen, weil nur in Europa protestantische Staatskirchen existieren. In den meisten Ländern findet man dagegen viele verschiedene Glaubensgemeinschaften, die sich „evangelisch" nennen. Als evangelische

Kirchen im engeren Sinne gelten aber nur die lutherischen, die reformierten und die unierten Kirchen (→ *Fünf Fakten über die Protestanten in Deutschland*). Zur „Gemeinschaft Evangelischer Kirchen in Europa" gehört darüber hinaus noch die Methodistische Kirche (europäischer Teil). Aber auch Baptisten, Presbyterianer oder Siebenten-Tags-Adventisten verbindet mit den evangelischen Kirchen, dass sie dem Evangelium den höchsten Stellenwert zuschreiben. Heil erfährt der Mensch ihrer Meinung nach allein aus Gnade, weil Gott ihn liebt. Auf diese Gnade soll er mit einem Bekenntnis reagieren (→ *Was man über Gnade wissen sollte*).

Die Bibel enthält in ihrer evangelischen Ausgabe im Alten Testament 39 und im Neuen Testament 27 Schriften.

Freikirchlich

In Deutschland gibt es neben den evangelischen Kirchen und der Römisch-katholischen Kirche, die sich nach wie vor als Volkskirchen verstehen, selbst wenn sie in manchen Gebieten keine Mehrheitskirchen mehr sind, viele weitere eigenständige christliche Kirchen und Gemeinden. Einige davon – wie beispielsweise die Methodisten – werden als „Freiwilligkeitskirchen" bezeichnet bzw. kurz als „Freikirchen". Damit wird die Trennung vom Staat, die inzwischen längst auch die klassischen evangelischen „Landeskirchen" vollzogen haben, unterstrichen. Zu einer Freikirche gehört man nicht automatisch durch die Taufe, sondern man muss – ganz freiwillig – eigens eintreten, was oft mit einem Bekenntnisakt verbunden wird. Schon gar nicht ist man automatisch als Staatsbürger Kirchenglied, wie das früher z. B. bei der anglikanischen Staatskirche der Fall war. Und es gibt bei den Freikirchen keinen automatischen Kirchensteuereinzug, sondern freiwillige Beiträge. Allerdings ist das deutsche Kirchensteuersystem sowieso eine Besonderheit, fast überall auf der Welt wird auch bei Katholiken und Lutheranern die kirchliche Finanzierung anders geregelt, was aber nicht zwangsläufig „besser" sein muss. Das deutsche System hat nicht nur für die Kirchen Vorteile, weshalb es bis jetzt trotz regelmäßig wiederkehrender Diskussionen nicht abgeschafft wurde.

Schaut man auf die Organisation der freien Gemeinden, wird es noch vielfältiger: Manche haben sich unter Dachverbänden zusammengeschlossen. Einige bezeichnen sich selbst als Kirchen, teilweise auch als Freikirchen, andere sind diesem Begriff gegenüber skeptisch. Sofern sie zur „Arbeitsgemeinschaft christlicher Kirchen" (ACK) gehören, werden sie und ihre Amtshandlungen (etwa Taufen und Hochzeiten) aber auch von den anderen Kirchen anerkannt.

Sowohl freie Gemeinden als auch Freikirchen empfinden die Religiosität in den Volkskirchen oftmals als zu oberflächlich oder zu liberal. Für sie sind vor allem die Personen Teil der Kirche, die ihren Glauben aktiv in der Gemeinde praktizieren. Zudem unterscheiden sich die freien Gemeinden meist durch den Stil ihrer Gottesdienste und ein wortwörtliches Verstehen der biblischen Texte, die nicht historisch-kritisch interpretiert werden.

Die Freikirchen haben als Ableger der evangelischen Kirche den protestantischen Kanon der Bibel übernommen.

Orthodox

In der frühen Kirchengeschichte entstanden aus den vielen einzelnen Gemeinden bald regionale Verwaltungseinheiten. Zum Beispiel die „Patriarchate" Jerusalem, Antiochia, Alexandria, Konstantinopel und Rom. Allerdings zeigten sich schon im 4. Jahrhundert große Differenzen zwischen der Theologie im Westen (Rom, auch die „Lateiner" genannt) und im Osten des Römischen Reiches. Auch wenn die Auseinandersetzungen überwiegend politisch begründet waren, hatten sie eine zunehmende Entfremdung zur Folge. Aus Sicht der „Ostkirche" führten die Lateiner einige nicht akzeptable theologische Neuerungen ein. Im 11. Jahrhundert kam es deshalb zu einer Trennung der Kirchen. Das bedeutet: Auch die orthodoxe Kirche fühlt sich wie die katholische Kirche als legitime Nachfolgerin der Gemeinschaft Jesu (→ *Zehn wichtige Geschichten aus dem Neuen Testament*), erkennt aber den Papst nicht als Oberhaupt an.

„Orthodox" heißt übrigens „Richtige Verehrung" oder „Rechte Lehre". Verwirrend aus europäischer Sicht ist die Vielfalt der orthodoxen Kirchen. Sie selbst empfinden sich aber als „die Orthodoxie", als die eine Kirche. Zu diesen Gemeinschaften gehören weltweit etwa 225 Millionen Menschen. Häufig sind die Gottesdienste in der Landessprache. Es gibt aber auch orthodoxe Kirchen, die ihre Liturgie bis heute in alten, für die meisten nicht mehr verständlichen Sprachen wie „Altgriechisch", „Kirchenslawisch" oder „Aramäisch" feiern.

Von den orthodoxen Kirchen zu unterscheiden sind die altorientalischen Kirchen, die bereits spätestens vor dem Konzil von Chalcedon 451 einen eigenen theologischen Weg eingeschlagen haben. Sowohl die orthodoxen als auch die altorientalischen Kirchen werden als „Ostkirchen" bezeichnet. Die orthodoxe Ausgabe der Bibel enthält im Alten Testament 49 Schriften und im Neuen 27.

Fünf Fakten über die Protestanten in Deutschland

In Deutschland existierten bis zu Beginn des 19. Jahrhunderts viele verschiedene evangelische (Landes-)Kirchen, weil seit 1555 das eigentümliche Prinzip gegolten hatte: „Cuius regio, eius religio" (= „Wessen Region, dessen Religion"). Sprich: Der jeweilige Landesfürst entschied für sich, welche Konfession er haben wollte, und seine Untertanen mussten das übernehmen. Und da es in Deutschland zahllose kleine Fürstentümer gab, war die geistliche Landschaft dementsprechend zerstückelt.

Irgendwann wurde das selbst den Regierenden zu kleingeistig, und es kam 1817 zur „Preußischen Union", d. h., vor allem auf dem Staatsgebiet Preußens wurden die lutherische und die reformierte Kiche vereint. Es entstand die „Evangelische Kirche der Union". Allerdings gab es nur eine gemeinsame Verwaltung und die gegenseitige Anerkennung als gleichwertige Kirchen. Der Versuch, auch die verschiedenen Liturgien, also die Gottesdienstordnungen, zu vereinen, misslang (→ *Was man über die Liturgie wissen sollte*). Während einige Gebiete bereit waren, die evangelischen Gruppen tatsächlich zu unieren, widersetzten sich andere vehement. Teilweise kam es sogar zu kriegerischen Auseinandersetzungen. Sprich: Heute gibt es in Deutschland 20 anerkannte Landeskirchen, von denen einige lutherisch, einige reformiert und einige uniert sind (→ *Fünf andere Reformatoren*). In diesen Kirchen findet man jedoch meist Gemeinden aller drei Ausrichtungen.

Die Landeskirchen arbeiten selbstständig und werden überwiegend demokratisch geleitet. Das heißt: Es gibt in den Regionen sogenannte Synoden – eine Art Parlament – aus Vertretern der Gemeinden, die dann wiederum Abgesandte in ihre Landessynoden schicken. Repräsentant einer Landeskirche ist eine Person, die je nach Tradition Bischof, Kirchenpräsident, Superintendent oder Präses heißt.

Zahlen

Rund 23 Millionen Deutsche sind Mitglied einer evangelischen Landeskirche. Dazu kommen die verschiedenen Freikirchen und die freien Gemeinden (→ *Was man über die Konfessionen wissen sollte*). Und wie schon erwähnt: Die Landeskirchen werden durch die Kirchensteuer finanziert, die Freikirchen durch direkte Abgaben der Mitglieder an die jeweilige Gemeinde. Allerdings zahlt nur ein kleiner Teil der landeskirchlichen Mitglieder tatsächlich einen Beitrag, weil die staatlich abgeführte Kirchensteuer an das Einkommen gekoppelt ist, so dass beispielsweise Kinder, Rentner und Erwerbslose nichts einzahlen. Hier erweist sich die Kirche als Solidargemeinschaft. Wer Geld verdient, unterstützt die anderen. (Das könnte man sich öfter bewusst machen.)

Da die Menschen jahrhundertelang aus Tradition Kirchenmitglied waren, hat es in den vergangenen Jahren immer wieder Zeiten gegeben, in denen Mitglieder aus der evangelischen Landeskirche ausgetreten sind. Dieser Trend ist erfreulicherweise rückläufig, ja, tatsächlich treten sogar vermehrt wieder Menschen in die Kirche ein. Noch aber wird die evangelische Kirche kleiner. Und während etwa die Zahl der Konfirmanden (→ *Was man über die Konfirmation wissen sollte*) nahezu unverändert ist, heiraten inzwischen viele Menschen ohne kirchlichen Segen (→ *Was man über das Heiraten wissen sollte*). 2006 hat die Evangelische Kirche in Deutschland (EKD), der Zusammenschluss der evangelischen Landeskirchen, deshalb ein Reformpapier mit dem schönen Titel „Kirche der Freiheit" veröffentlicht, in dem sie ein profiliertes Programm entwickelt, um „gegen den Trend zu wachsen".

Zählt man alle Landeskirchen zusammen, dann gibt es in Deutschland zurzeit etwa 15.000 selbstständige Gemeinden. Da manche Gemeinden mehrere Pfarrer und manche Pfarrer mehrere Gemeinden haben, lässt sich daraus aber noch nicht auf die Anzahl der Theologinnen und Theologen schließen. Zudem gibt es in allen Kirchen verschiedene Sonderpfarrämter, in denen Experten überregional oder in spezifischen Arbeitsfeldern tätig sind, sei es als Jugendpfarrer, Studentenpfarrer, Schulpfarrer, Krankenhausseelsorger oder Öffentlichkeitsreferenten.

Name

Der Name „Protestanten" entstand im Jahr 1529. Da „protestierten" die kurz zuvor evangelisch gewordenen Fürstentümer und Städte in Deutschland lautstark gegen die Aufhebung eines Beschlusses aus dem Jahr 1526. Der Kaiser hatte ihnen damals nämlich ein gewisses Maß an Freiheiten zugestanden – nicht unbedingt, weil er es gern wollte, sondern weil er politisch nicht anders konnte. Dazu muss man wissen: Vieles, was heute von Kirchen selbstständig entschieden wird, war damals durch den Staat geregelt, beispielsweise der Ablauf des Gottesdienstes. Änderte jemand eine Gottesdienstordnung, dann griff er offiziell ins Reichsgesetz ein. Das gefiel dem Kaiser natürlich nicht. Trotzdem waren den evangelischen Fürsten im Beschluss von 1526 eigene Entscheidungen in religiösen Fragen zugestanden worden. Nun wollte der Kaiser auf dem zweiten Reichstag in Speyer diese Genehmigung wieder zurücknehmen. Dagegen legten die evangelischen Fürsten und die Verantwortlichen der Städte einen förmlichen Protest (lat. „protestari" = „Zeugnis ablegen, bekennen") ein. Dies war eine rechtliche Möglichkeit, um eine ausführliche Verhandlung der strittigen Fragen zu erzwingen. Energisch beriefen sich die Protestanten auf ihre Gewissensfreiheit und bekannten sich zu ihrer neuen Glaubensauffassung.

Protestanten waren also ursprünglich nur die Anhänger der christlichen Konfessionen, die durch die Reformation des 16. Jahrhunderts entstanden. Inzwischen werden aber auch fast alle Konfessionen als protestantisch bezeichnet, die sich wie die Reformatoren von der katholischen Kirche distanzieren und zum Beispiel die Autorität des Papstes als Kirchenoberhaupt nicht anerkennen.

Umgangssprachlich gibt es heute zwischen „protestantisch" und „evangelisch" keinen Unterschied mehr, auch wenn sich in Deutschland inzwischen fast alle Landeskirchen „evangelisch" nennen (Ausnahme: die Kirche der Pfalz). Die Glaubensgemeinschaften, die sich ursprünglich auf Johannes Calvin und Huldreich Zwingli berufen (→ *Fünf andere Reformatoren*), heißen „reformierte Kirchen".

Evangelium

Markantes Kennzeichen der evangelischen Kirchen ist ihre Konzentration auf die Bibel, besonders auf das Evangelium und die Paulusbriefe. Damit soll allen Versuchen widerstanden werden, eine kirchliche Amtsautorität, eine bestimmte Tradition oder irgendwelche Lehrschriften scheinbar gleichwertig neben das Alte und das Neue Testament zu stellen (→ *Martin Luther und die Bibel*). Sprich: Die gute Botschaft der Bibel (= Evangelium) soll der alleinige Maßstab für das Handeln und die Verkündigung der Kirche sein. Daher gilt eine Gruppierung, die andere Schriften als die Bibel für heilig oder verbindlich hält, offiziell als nicht evangelisch oder als Sekte.

„Typisch evangelisch" ist auch die Betonung, dass Jesus Christus die alleinige Autorität für einen Glaubenden ist. Dahinter verbirgt sich die theologische Erkenntnis, dass das Heil, nach dem alle Menschen suchen, nur durch den Sohn Gottes vermittelt wird (→ *Was man über Gnade wissen sollte*). Denn der hat ja ziemlich selbstbewusst gesagt: „Ich bin der Weg, die Wahrheit und das Leben. Niemand kommt zum Vater denn durch mich" (*Johannes 14,6*). Weil Gott in Jesus selbst Mensch wurde, kann nur Jesus der Welt zeigen, wie Gott ist und wie man mit ihm in Kontakt tritt.

Dieser Gedanke ist auch deshalb wichtig, weil er den wesentlichen Unterschied zwischen dem Christentum und allen anderen Religionen beschreibt (→ *Was man über die Weltreligionen wissen sollte*). In eigentlich allen Glaubensrichtungen geht es darum, dass der Mensch sich das Wohlwollen einer Gottheit oder der überirdischen Mächte verdienen muss, z. B. durch das Befolgen von Geboten, rituelle Handlungen oder bestimmte Taten. Die Bewegung geht dabei immer vom Menschen hin zu Gott. Der Mensch muss sich „hocharbeiten". Das Christentum denkt genau andersherum: Gott kommt in seinem Sohn Jesus zu den Menschen. Seine Liebe kann man sich nicht verdienen, sie wird einem geschenkt. Und durch den Tod Jesu am Kreuz (➜ *Zehn wichtige Geschichten aus dem Neuen Testament*) versöhnt sich Gott mit den Menschen. Salopp ausgedrückt: „Nicht wir müssen etwas tun, Gott hat etwas getan" (➜ *Was man über Gnade wissen sollte*).

Soli

Die evangelische Lehre wird oft in vier prägnanten lateinischen Formulierungen zusammengefasst: „Sola scriptura" (allein durch die Schrift = die Bibel), „Solus Christus" (allein durch Jesus Christus), „Sola gratia" (allein durch die Gnade) und „Sola fide" (allein durch den Glauben). Diese Aufzählung scheint zwar ein wenig unlogisch, weil man ja auch nicht gleichzeitig sagen kann: „Ich liebe nur Heidi" und „Ich liebe nur Gabi". Weil sich diese Formulierungen aber auf verschiedene Fragestellungen beziehen, wollen wir die kleine reformatorische Ungenauigkeit mal gelten lassen. Also: Was steckt dahinter?

„Sola scriptura" meint: Alles, was wir über Gott wissen können und sollen, steht in der Bibel. „Solus Christus" meint: Keiner außer Jesus kann die Menschen zu Gott bringen. „Sola gratia" meint: Nicht durch ihr eigenes Können oder Tun, sondern nur durch die Gnade Gottes erfahren Menschen Heil (➜ *Was man über Gnade wissen sollte*). Und „Sola fide" meint: Gott wünscht sich als Antwort auf seine Gnade Glauben. Zum Heil tragen selbst die besten Taten nichts bei. Die Behauptung, in einigen evangelischen Kirchen sei es so leer, weil der Pfarrer das „Allein" des Evangelischen so betone, ist allerdings üble Nachrede: „Ich bin hier allein aus Glauben."

Diese „Soli" sind zwar vielen evangelischen Christen vertraut, das heißt aber nicht, dass sie in der Alltagspraxis nicht weiterhin dringend vermittelt werden müssten. Bis heute gibt es protestantisch Glaubende, die überzeugt sind, ein guter Christ sei man vor allem, wenn man anständig lebt, nett zu anderen ist und nur wenig Steuern hinterzieht. Und mancher befürchtet nach wie vor, er müsse sich sein Seelenheil verdienen oder werde von Gott bestraft, wenn er mal einen Fehler macht. Da kann man nur sagen: „Setzen! Sechs!"

Zusammenschlüsse

Immer wieder gab es Versuche, die verschiedenen protestantischen Landeskirchen in Deutschland unter einem Dachverband zu vereinen. So wurde nach einigem Hin und Her 1945 die „Evangelische Kirche in Deutschland" (kurz: EKD) gegründet. Sie bildet die Gemeinschaft der 20 selbstständigen Landeskirchen des lutherischen, des reformierten und des unierten Bekenntnisses (→ *Fünf Fakten über die Protestanten*). In diesem Miteinander gibt es eine uneingeschränkte „Kanzel- und Abendmahlsgemeinschaft". Das heißt: Wer in einer Landeskirche predigen darf, darf das auch in den anderen. Und zum Abendmahl sind alle Mitglieder in jeder Kirche zugelassen.

Die EKD ist ihrerseits wiederum Mitglied der „Konferenz Europäischer Kirchen" (kurz: KEK), in der sich alle protestantischen und orthodoxen Kirchen (→ *Was man über die Konfessionen wissen sollte*) treffen, und der „Arbeitsgemeinschaft Christlicher Kirchen" in Deutschland (kurz: ACK), in der alle Kirchen verbunden sind, die nicht als Sekten gelten.

Und wie es sich für Institutionen gehört, die aus verschiedenen Richtungen zusammengebastelt werden, hat natürlich in Deutschland jede der ursprünglichen Richtungen auch noch einen eigenen Dachverband. Die sitzen alle in Hannover bei der EKD um die Ecke und versuchen, ihr jeweils eigenes Profil doch noch irgendwo erkennbar werden zu lassen: als da wären die „Vereinigte Evangelisch-Lutherische Kirche Deutschlands" (VELKD), die „Union Evangelischer Kirchen" (UEK) und der „Reformierte Bund". Das alles müssen Sie sich nicht merken, aber Sie haben es wenigstens einmal im Leben erfahren. Kommen wir jetzt zu den zentralen Unterschieden zwischen den großen Konfessionen.

Fünf Unterschiede zwischen Katholiken und Protestanten

Wenn man nacheinander einen katholischen und einen evangelischen Gottesdienst besucht, entdeckt man Hunderte von kleinen, aber feinen Unterschieden: Der katholische Priester trägt ein weißes, der evangelische Pfarrer ein schwarzes Gewand, bei Katholens wird geklingelt, gedampft, verbeugt und am Altar gesungen, der schwarze Mann bei Evangelens leitet den Gottesdienst dagegen eher schulmeisterlich; bei den „Päpstlern" huschen Scharen von Messdienern umher, während die Protestanten, die so gern vom „Priestertum aller Gläubigen" schwärmen (→ *Was man über den Pfarrer wissen sollte*), oftmals eine One-Man- oder One-Woman-Show abliefern.

Katholische Kirchen sind voller bunter Bilder, haben bisweilen Seitenaltäre, lustige „Stell hier Kerzen auf"-Tische und kleine „Kabuffs", in denen gebeichtet werden kann. Evangelische Kirchen fürchten sich hingegen, mit zu viel äußerer Schönheit von der Schönheit des Glaubens abzulenken. Ja, bisweilen hat man den Eindruck, dass evangelische Kirchen-Architekten bewusst versucht haben, so abgrundtief hässliche Gebäude zu bauen, dass man gar nicht anders kann, als die Augen zu schließen und zu beten. Zum Glück gibt es auch Ausnahmen.

Wichtig ist: Während im Vatikan, dem Zentrum der katholischen Kirche in Rom, nach wie vor die Abgrenzung zwischen den Konfessionen betont wird, versuchen an der Basis immer mehr Menschen, die Unterschiede zu überwinden und die Gemeinsamkeiten hervorzuheben. Ihr Motto: „Rom ist weit!" So gibt es an vielen Orten „Ökumenische Arbeitskreise", in denen die Gemeinden gemeinsame Veranstaltungen planen und auch ökumenische Gottesdienste miteinander feiern. Die wirklich wichtigen Unterschiede, die man kennen sollte, kommen jetzt:

Papst

Katholiken haben ein geistliches Oberhaupt, das Herr ihrer gesamten Kirche ist, während Evangelische eine solche zentralistische Leitungsfigur ablehnen. Dieses Oberhaupt, der Papst (= „Vater"), residiert seit 1871 im Apostolischen Palast neben dem Petersdom in Rom. Nach katholischem Verständnis gilt der Papst als rechtmäßiger Nachfolger des Apostels Simon, dem Jesus einen neuen Namen gab und zu dem er sagte: „Du bist Petrus und auf diesen Felsen will ich meine Kirche bauen" (*Matthäus 16,18*). „Petrus" ist übrigens Griechisch und heißt Fels. Wie passend. Durch diese Zusage Jesu wurde Petrus – nach katholischem Verständnis – zum Leiter eines Amtes ernannt, das er an seinen Nachfolger weitergeben kann. Er soll dann auch der erste Bischof Roms gewesen sein.

Allerdings: Dieser universale Anspruch des Bischofs von Rom entwickelte sich erst langsam im Lauf des ersten Jahrtausends und wurde endgültig im Jahr 1075 in der Verlautbarung „Dictatus Papae" festgeschrieben. In der römisch-katholischen Kirche gilt der Papst seither als Stellvertreter Christi auf Erden – ein Anspruch, der von allen anderen christlichen Kirchen nicht anerkannt wird. Vielleicht erkennt der Papst deshalb alle anderen Glaubensgemeinschaften bislang auch nicht als Kirchen an.

Tatsächlich war den Reformatoren die Vorstellung, dass es einen Papst zur Vermittlung zwischen Gott und den Menschen braucht, von Anfang an ein Dorn im Auge. Natürlich hatte ihre Ablehnung des römischen Kirchenfürsten auch politische Gründe, weil der Papst im ausgehenden Mittelalter nicht nur geistlicher Leiter, sondern zugleich Feldherr und Regent war und großen Einfluss auf die weltlichen Machthaber hatte. Doch der Grundgedanke des Protestantismus: „Durch Jesus Christus kann jeder Mensch direkt zu Gott kommen", ist mit dem Vermittlungsanspruch eines Papstes nicht zu vereinen.

Sakramente

Katholiken kennen sieben Sakramente, während Evangelische nur zwei pflegen. Sakramente (= „heilige Geheimnisse") sind religiöse Riten, die in Form einer sichtbaren Zeichenhandlung an der unsichtbaren Wirklichkeit Gottes Anteil haben lassen. Das heißt theologisch: In einem Sakrament ist Gott real gegenwärtig und erfahrbar.

In der katholischen Kirche gelten folgende Rituale als Sakramente: die Taufe, die Beichte, die Eucharistie (das Abendmahl), die Firmung (eine „Bestätigung" der Taufe), die Ehe, die Weihe eines Geistlichen und die Salbung eines Kranken. Luther fand, dass die katholische Kirche hier doch ziemlich eigenmächtig über die Gegenwart Gottes verfüge und reduzierte die Sakramente auf zwei, nämlich die beiden, die Jesus selbst eingesetzt hat: Taufe und Abendmahl. Dass sie taufen sollten, hat der Auferstandene seinen Jüngern im sogenannten Missionsbefehl (*Matthäus 28,18–20*) aufgetragen – und beim Abendmahl hat Jesus verkündet, dass er im Abendmahl zugegen sei und auch in Zukunft erfahren werden könne (→ *Zehn wichtige Geschichten aus dem Neuen Testament*).

Dieses unterschiedliche Sakramentsverständnis hat natürlich Folgen: Während Evangelische zum Beispiel ein zweites Mal kirchlich heiraten können, ist das nach katholischem Verständnis nicht möglich, weil die Ehe dort ja als heilig gilt und alles Heilige Ewigkeitswert hat (→ *Was man über das Heiraten wissen sollte*). Und während die Beichte bei den Katholiken ebenfalls als heiliger Akt behandelt wird, war Luther da kritisch. Allerdings: Er zählte sie eine Zeit lang sogar selbst zu den Sakramenten. Später änderte er dann aber seine Meinung – auch wenn er die Beichte nie abschaffen wollte. Nur haben das die meisten Evangelischen vergessen. Jawohl: Auch Evangelische dürfen beichten. Was bisweilen sehr guttut.

Abendmahl

Katholiken sind der Überzeugung, dass sich Brot und Wein beim Abendmahl ganz real in „den Leib und das Blut" Jesu Christi verwandeln, während Evangelische glauben, dass Jesu Leib und Blut in „Brot und Wein" zwar gegenwärtig sind, sich die Substanzen aber nicht verändern. Das klingt wie ein hochtheoretischer Streit unter Theologen. Und: Das ist es auch. Nur leider trennt dieser für einen Außenstehenden abstrus anmutende Konflikt die Kirchen seit der Reformation, weil jede Seite sagt: „Ihr feiert das heilige Abendmahl nicht richtig" (→ *Das Abendmahl*).

Jesus selbst hat, kurz bevor er festgenommen wurde, seine Jünger zu einem Abendessen eingeladen, Brot und Wein ausgeteilt und dabei die Worte benutzt: „Dies ist mein Leib und mein Blut. Esst und trinkt das immer wieder – in Erinnerung an mich." Nach katholischer Lehre versteht man diese Sätze so, dass das Brot tatsächlich zum Leib Jesu wird. Und weil es immer noch nach Brot schmeckt, nennt sich das Ganze geheimnisvoll „Transsubstantiation". Sprich: Die Gegenwart des Leibes Jesus unterwandert auf geheimnisvolle

Weise die Substanzen. Oder kurz: Schmeckt weiter wie Brot, ist aber Fleisch.

Allerdings: Evangelische Christen sollten darüber keinesfalls spotten, denn auch die protestantischen Kirchen haben sich unter anderem über der Abendmahlsfrage zerstritten (→ *Fünf andere Reformatoren*). Während Luther weiterhin von der „Realpräsenz" Christi in den Abendmahlsgaben ausging und nur den „Wandlungsgedanken" ablehnte, legte Johannes Calvin Wert darauf, dass Jesus Christus „nur" durch den Heiligen Geist mitfeiere und mit dem Brot und Wein der Gegenwart gar nichts mehr zu tun hätte. Und Zwingli fand, das Abendmahl sei überhaupt nur eine symbolische Handlung zur Erinnerung an ein vergangenes Ereignis. Probleme haben die Leute!

Heilige

Katholiken glauben, dass es gut und nützlich ist, heiliggesprochene Menschen im Gebet um Beistand anzurufen, um so von Gott Wohltaten zu erlangen, während Evangelische eine derartige Mittlerrolle Verstorbener einfach für Aberglauben halten. Als Heilige gelten übrigens Frauen und Männer, die Gott besonders nahestanden und die in einem sogenannten „Kanonisierungsprozess" vom Papst erst selig- und dann offiziell heiliggesprochen wurden.

Schon früh gab es in der christlichen Kirche, vor allem in der Volksfrömmigkeit, die Sehnsucht, vorbildliche Christen zu verehren. Man war der Überzeugung, diese Gläubigen hätten schon eine höhere Stufe der Gnade erreicht und könnten sich deshalb bei Gott für die Menschen verwenden. Um ihrer Verehrung Ausdruck zu verleihen, fingen viele Christen an, die sterblichen Reste solcher „Glaubenshelden" zu sammeln, die sogenannten „Reliquien" (= „Überbleibsel"). Auch wenn die erste offizielle päpstliche Heiligsprechung erst im Jahr 933 stattfand, hat die Heiligenverehrung also eine lange Tradition.

Bis heute spielen Heilige bei Katholens eine wichtige Rolle. Vor Heiligenbildern verbeugen sich die Gläubigen und machen das Kreuzzeichen – außerdem wird der Heiligen in vielen Gottesdiensten gedacht. Ja, bis heute werden in jeden Altar einer katholischen Kirche Reliquien eingelegt. Luther verachtete diesen „ganzen Firlefanz" – woraufhin einige seiner Schüler gleich alle Bilder aus den Kirchen rauswarfen. Das wiederum ist sehr schade. Bis heute.

Kultur

Katholiken pflegen teilweise sehr alte kulturelle Formen, während Evangelische einige dieser Traditionen für überflüssig halten. Dazu gehören der ursprünglich katholische Karneval, die Verehrung der Jungfrau Maria oder der Zölibat (das Verbot der Priesterehe). Allerdings hat ein Kabarettist mal sehr charmant formuliert: Während in der evangelischen Kirche das Prinzip „Entweder – oder" gelte, habe man in der katholischen Kirche das Motto „Sowohl – als auch". Das heißt: Zu fast jeder verschlossenen Tür findet man auch ein offenes Seitentürchen. Und so hat eben mancher Priester einfach eine „Haushälterin". Die lebenspraktischen Folgen sind aber häufig für beide Seiten, für die Priester und die betroffenen Frauen und Kinder, sehr problematisch.

Auch in moralischen Fragen zeigt sich „Rom" meist konservativer als die Protestanten. So hat die katholische Kirche vor einigen Jahren entschieden, Frauen, die über einen Schwangerschaftsabbruch nachdenken, nicht mehr zu beraten. Weil am Ende einer solchen Beratung oftmals ein Schein ausgestellt werden musste, der den Abbruch genehmigt. Ähnlich klar ist der katholische Standpunkt beim Umgang mit Kondomen. Die sind verboten, weil die Fortpflanzung nicht verhindert werden soll. Getreu dem biblischen Gebot: „Seid fruchtbar und mehret euch" (*1. Mose 1,28*). Dieser Punkt wird jedoch auch unter den Katholiken diskutiert, weil AIDS vielerorts nur durch Kondome eingedämmt werden kann. An dieser Stelle kommt zum Glück einiges in Bewegung.

Aber die Pflege alter Formen gibt der katholischen Kirche auch einen ganz eigenen Charme. Ganz ehrlich: Einige Evangelische beneiden die Katholiken heimlich um deren bunte Gottesdienste. Während Luther die Verkündigung des Wortes, sprich: die Predigt, in den Mittelpunkt der sonntäglichen Feier stellte, hat sich katholischerseits eine sinnliche und spirituelle Vielfalt erhalten, die auf ihre Weise äußerst reizvoll ist. Na, vielleicht lassen sich die Protestanten ja inspirieren, ihren Glauben wieder vermehrt mit allen Sinnen zu feiern (→ *Was man über die Liturgie wissen sollte*).

Ein heiteres und fröhliches Herz ist das beste Geschenk.
— Martin Luther —

Martin Luther und seine Welt

Der Augustinermönch und Theologieprofessor Martin Luther wollte ursprünglich nur eines: Frieden für seine Seele finden. Dabei entdeckte er, dass ihm die Angebote der (katholischen) Kirche nicht wirklich weiterhalfen, ja, dass sie seiner Meinung nach nicht einmal der Bibel entsprachen. Also regte er an, die Fehlentwicklungen des Katholizismus durch eine ausschließliche Orientierung an der Person Jesu und an der Bibel wieder zu beseitigen. Die Kritik des Wittenberger Gelehrten an den kirchlichen Bräuchen und am Papst war jedoch so massiv, dass es schon bald – gegen seine Absicht – zu einer Kirchenspaltung kam (→ *Was man über die Konfessionen wissen sollte*).

Die berühmte „reformatorische Wende" hatte Luther, als er eines Tages in seinem Arbeitszimmer im Südturm des Wittenberger Augustinerklosters saß. Er las in der Bibel – und plötzlich durchzuckte es ihn wie eine Erleuchtung. Da stand nämlich in einem Vers im Römerbrief: „Gerecht wird der Mensch allein aus Glauben." Moment mal! Das war doch exakt die Antwort auf die alles entscheidende Frage, die den verzweifelten Mann seit langem umtrieb: „Wie bekomme ich einen gerechten Gott?" Oder anders ausgedrückt: „Was muss ich tun, damit Gott mich nicht bestraft, sondern gut zu mir ist?" (Damit war vor allem gemeint: „damit ich nicht in die Hölle, sondern in den Himmel komme".) Luther hatte nämlich jahrelang gefürchtet, er müsse eine bestimmte Leistung erbringen, damit Gott ihn nicht verurteilt.

Und nun stand da ganz schlicht: „Nein, du musst nichts tun, du darfst einfach glauben. Das genügt. Glaube, dass Gott dir gnädig ist, und dann spricht Gott dich gerecht." Mit einem Mal war Luthers Angst weg. Er fühlte sich wie ein neuer Mensch – befreit und erlöst. Bis heute heißt diese Erfahrung Luthers „Turmerlebnis".

Die ganze Reformation hängt letztlich an dieser einen Erkenntnis: Der Mensch kann sich den Himmel nicht verdienen, er wird von Gott mit dem Himmel beschenkt (→ *Was man über Gnade wissen sollte*). Weil Luther wollte, dass das jeder Mensch erfährt, übersetzte er die Bibel ins Deutsche, entwickelte eine verständliche „Deutsche Messe", die nicht mehr wie bislang in Latein gehalten wurde, kämpfte gegen kirchliche Formen, die Menschen missbrauchten oder ausnutzten, und predigte leidenschaftlich für die Neuentdeckung der Freiheit im Glauben. Lassen Sie uns diesem Freiheitskämpfer ein wenig nachspüren.

Was man über Luther wissen sollte

Luther wurde am 10. November 1483 in der Stadt Eisleben im Harzvorland geboren, im heutigen Sachsen-Anhalt. Und weil der kleine Junge direkt am Tag nach seiner Geburt – am Sankt-Martins-Tag – getauft wurde, erhielt er den Namen des Tagesheiligen: Martin. Nebenbei: Das hilft, sich Luthers Geburtstag zu merken.

Der Vater des kleinen Martin, Hans, war Bergmann und arbeitete sich im benachbarten Mansfeld als Hüttenmeister im Kupferschiefer-Bergbau nach oben, bis er sogar Ratsherr wurde. Luthers Mutter hieß Margarete und stammte wie ihr Mann ursprünglich aus Möhra. Beide Eltern waren wohl traditionell kirchlich, aber nicht übermäßig fromm. Ihr begabter Sohn jedoch ging, nachdem er die Mansfelder Stadtschule besucht hatte, an die Magdeburger Domschule, an der er

von Anhängern einer spätmittelalterlichen geistlichen Erweckungs-
bewegung unterrichtet wurde. 1498 kam Martin dann ins Franziska-
nerstift nach Eisenach, wo er vor allem in den Bereichen Musik und
Literatur gefördert wurde. Schon damals galt er als guter Sänger. So
war es wohl auch kein Zufall, dass er sich später selbst hinsetzte und
großartige neue Kirchenlieder schrieb.

Wahrscheinlich wurde Luther in dieser Zeit stark von den damals
üblichen Gottesbildern geprägt, bei denen der zürnende Gott und der
die Welt richtende Jesus im Vordergrund standen. Diese Vorstellung
führte natürlich zu einem sehr von Furcht geprägten Dasein. Sinnvoll
schien ein Leben nur dann, wenn man den moralischen Ansprüchen
Gottes genügte. Schon der junge Martin erlebte, dass er das nicht
konnte. Dass das kein Mensch kann. Gottes Ideale für ein gelingendes
Leben sind großartig, aber jeder ahnt, wie schnell man daran scheitert – und wenn nur die Perfekten in den Himmel kämen, wäre es da
wohl ziemlich leer.

Entwicklung

Ab 1501 studierte Luther an der Artisten-Fakultät der Universität
in Erfurt. Dort lernte man nach mittelalterlichem Vorbild die sieben
freien Künste (Artes): Grammatik, Dialektik, Rhetorik, Geometrie,
Arithmetik, Musik und Astronomie. Am 7. Januar 1505 wurde der
junge Martin ein „Magister Artium", ein Meister der Künste. Das galt
damals als klassischer akademischer Werdegang.

Ungewöhnlich war jedoch, was am 2. Juli dieses Jahres passierte.
Luther geriet nämlich in ein schreckliches Unwetter und bekam plötzlich unfassbare Angst, er könne hier und jetzt sterben und müsse Gott
dann völlig unvorbereitet gegenübertreten. In Panik gelobte er seiner damaligen Lieblingsheiligen, der heiligen Anna, er werde direkt
ins Kloster eintreten, wenn sie ihn nur vor dem Gewitter schützen

würde. Nun: Er überlebte. Und trat – wie versprochen und sehr zum Schrecken seiner Eltern – ins Kloster der Augustiner-Eremiten in Erfurt ein, wo er 1507 zum Priester geweiht wurde. Im Anschluss daran studierte Luther Theologie, promovierte und übernahm dann selbst eine Professur.

Das Verrückte war: Weder das Leben als Mönch noch die wissenschaftliche Theologie halfen Luther wirklich weiter. Er fühlte sich weiterhin unvollkommen und unfähig, Gottes Ansprüchen zu genügen. Bis er in der Bibel die Verse fand, die sein ganzes Weltbild auf den Kopf stellten: „Gott will keine Leistungen, er will einfach nur geliebt werden." Kein Wunder, dass der von all seinen Sorgen befreite Martin fortan nichts mehr vom Ablass hielt, diesem offiziellen Freikaufen von Schuld. Wenn Gott den Menschen aus Liebe vergibt, dann muss man ihn dafür bestimmt nicht bezahlen. Das war das zentrale Thema der berühmten 95 Thesen, die nach ihrem Anschlag in Wittenberg für gewaltigen Aufruhr sorgten, weil sie die kirchliche Obrigkeit insgesamt infrage stellten (→ *Vorwort*).

Wartburg

Nach verschiedenen weiteren Publikationen, in denen der Reformator mehr und mehr an der katholischen Kirche zu kritisieren fand, und nach mehreren offiziellen Anhörungen wurde 1518 ein Ketzerprozess gegen Martin Luther eröffnet. Dazu wurde er im Oktober in Augsburg verhört. Der Wittenberger Querdenker weigerte sich aber, seine kritischen Gedanken zu widerrufen. Das ganze Verfahren verschleppte sich ein wenig, und 1520 erhielt Luther eine Bannandrohungsbulle. Das heißt: Man kündigte an, ihn aus der Kirche auszuschließen, wenn er nicht endlich einlenke. Luther lachte sich eins und verbrannte die garstige Warnung öffentlich. Daraufhin warf man ihn wirklich raus. Und zwar nicht nur aus der Kirche, sondern 1521 auch gleich aus der „Welt", denn es wurde die sogenannte „Reichsacht" über ihn verhängt (im „Wormser Edikt"). Damit galt Luther offiziell als vogelfrei. Sprich: völlig rechtlos.

Zum Glück waren die politischen Verhältnisse in Deutschland so verworren, dass es niemanden gab, der dieses Edikt durchsetzen konnte (→ *Was man über die Reformation wissen sollte*). Zudem hielt Friedrich der Weise, Luthers Landesfürst, seine schützende Hand über den Aufrührer. Um sicherzugehen, dass Luther nichts passierte, schickte der Herrscher den Geächteten jedoch auf die Wartburg bei Eisenach, wo er sich versteckt halten sollte – unter dem Pseudonym „Junker Jörg". Natürlich ärgerte es Luther sehr, dass er gezwungen war, im Untergrund zu bleiben, während sein Gedankengut immer weitere Kreise zog. So machte er aus der Not eine Tugend und übersetzte erst einmal das Neue Testament ins Deutsche, damit auch die einfachen Leute darin lesen konnten. 1522 erschien die erste Ausgabe seines Meisterwerks und war sofort ein Bestseller.

Allerdings: Während Luther in seiner Fluchtburg fleißig arbeitete, machte sich die Reformation selbstständig. Übermütig entfernten seine Schüler alle Bilder aus den Kirchen, schafften den Zölibat ab, feierten Abendmahl ohne Beichte und forderten die Abschaffung der Kindertaufe (→ *Was man über die Taufe wissen sollte*). Einige beriefen sich dabei auch auf besondere Offenbarungen des Heiligen Geistes. Es kam zu einem heillosen Durcheinander. Da rief der Rat der Stadt Wittenberg Luther zu Hilfe. Der kehrte zurück und schaffte es tatsächlich, die Reformation halbwegs wieder in geordnete Bahnen zu lenken.

Territorialer Ausbau

In den nächsten Jahren gewannen die Reformatoren zunehmend an Einfluss. Mitte der zwanziger Jahre entschieden sich immer mehr

Landesfürsten, evangelisch zu werden, was in der Regel bedeutete, dass auch all ihre Untertanen den neuen Glauben dringend anbefohlen bekamen. Darüber hinaus schlossen sich die konvertierten Fürstenhäuser zu großen Bündnissen zusammen, so dass der neue Glaube auch politisch überall präsent war.

1530 lud Kaiser Karl deshalb zu einem Reichstag nach Augsburg ein, um dort mit allen Parteien zu besprechen, wie man mit der Situation umgehen solle. Schließlich hatte sich in nur 13 Jahren das ganze Land radikal verändert. Plötzlich gab es zwei Kirchen, die einander heftig bekämpften, und ein völlig zerrissenes Reich. Luther durfte auf dem Reichstag zwar nicht erscheinen, weil er ja geächtet war, doch sein Mitstreiter Melanchthon (→ *Fünf andere Reformatoren*) reiste mit den Fürsten nach Augsburg. Dem Kaiser wurde dort die von Theologen und kurfürstlichen Räten gemeinsam verfasste offizielle evangelische Bekenntnisschrift, die „Confessio Augustana", übergeben. Das aber half nichts. Die Katholiken reichten nämlich eine Gegenschrift ein, mit der sie und der Kaiser die „Confessio" widerlegt sahen. Karl forderte nun die Unterwerfung der evangelischen Stände. Doch die weigerten sich.

Weil sie Angst hatten, dass der Kaiser seinen Willen mit Gewalt durchsetzen würde, schlossen sich die evangelischen Fürsten 1531 zum „Schmalkaldischen Bund" zusammen. Dieser sollte die evangelischen Erkenntnisse notfalls mit der Waffe verteidigen. Das wurde auch nötig, denn 1546 (als der Kaiser mehrere andere Kriege beendet hatte) kam es tatsächlich zu einem innerchristlichen Glaubenskrieg. Diesen Krieg verloren die Protestanten zwar, doch ihre reformatorischen Befreiungserfahrungen waren nicht mehr zu unterdrücken. So kam es 1555 zum „Augsburger Religionsfrieden", in dem jedem Fürsten erlaubt wurde, selbst zu entscheiden, welche Konfession er wählen möchte. Damit war die Zeit eines einheitlichen christlichen Bekenntnisses in Deutschland endgültig vorüber.

Privatleben

Wenn Sie sich wundern, dass Luther im letzten Abschnitt kaum noch vorkam, dann hat das seinen Grund: Tatsächlich entwickelte sich die Reformation zunehmend zu einer politischen Bewegung, in der ihr Begründer zwar weiterhin inhaltliche Akzente setzen konnte, die ihm aber zusehends aus der Hand glitt. Zudem konnte er als vogelfreier, quasi steckbrieflich gesuchter Mann ohnehin nicht zu den zahllosen Verhandlungen und Gesprächen reisen. So konzentrierte er sich weiter auf seine Veröffentlichungen.

Aber er tat noch etwas: Er machte Mönchen und Nonnen Mut, aus dem Kloster auszutreten und zu heiraten. Er selbst bekannte in dieser Zeit: „Nicht, dass mir das Verlangen eines Mannes fremd ist – ich bin auch nicht aus Holz oder Stein." Allerdings widerstrebte es ihm lange, eine Bindung einzugehen. Einerseits hielt er sich nicht für einen guten Ehe-Kandidaten, denn: „Ich muss jeden Tag damit rechnen, dass ich als verurteilter Ketzer hingerichtet werde." Andererseits griffen natürlich seine Kritiker dieses Thema sofort auf. So schrieb etwa der Jurist Doktor Schurf: „Wenn der Mönch da ein Weib heimführt, werden alle Welt und der Teufel selbst lachen und er wird sein ganzes Werk zuschanden machen."

Doch eine der entlaufenen Nonnen, Katharina von Bora, begegnete ihm öfter, weil Luther für sie die Hochzeit mit einem anderen Mann einfädeln sollte. Er willigte ein, weil er seinerseits an Katharinas Freundin Ava interessiert war. Und wie es in jeder romantischen Komödie oder klassischen Telenovela passiert: Die beiden Liebesvermittler kamen am Ende selbst zusammen. Ein Schritt, den Luther nie bereute, auch wenn er seine energische Frau immer garstig „Herr Käthe" nannte. Die beiden bekamen einen Stall voll Kinder und Katharina führte den bald riesigen Haushalt offenbar mit Bravour.

Tod

Unglücklicherweise traten im weiteren Verlauf der Reformation immer neue Theologen auf, die ihre ganz eigenen Wege gehen wollten. Etwa die Täufer, die 1534 in Münster in Westfalen ein eigenes Gottesreich errichteten, in dem nicht nur Gütergemeinschaft, sondern auch Polygamie (= „Vielweiberei") und eine rigide Hierarchie herrschten. Zwar wurde die Stadt schon nach einem Jahr von katholischen Truppen zurückerobert, doch es kam immer wieder zu solchen Formen von reformatorischem Extremismus. Daher versuchte Luther in seinen letzten Jahren vermehrt, innerevangelische Konflikte zu klären.

Kurz vor seinem Tod notierte der große Reformator: „Alt, schwach, abgekämpft, matt und schlaff und jetzt auch noch auf einem Auge erblindet schreibe ich. Ich hatte gehofft, dass mir endlich die wohlverdiente Ruhe geschenkt wird, da werde ich nochmals mit Anfragen überschüttet." Luther blieb ruhelos. Er schrieb Bücher, ordinierte Theologen, predigte, komponierte, stritt und vermittelte auf politischer Ebene.

In diesem Zusammenhang musste er im Januar 1546 zu den Mansfelder Grafen in seine Heimatstadt Eisleben reisen. Dort liefen die Verhandlungen jedoch so zäh, dass er bat, wieder nach Wittenberg heimkehren zu dürfen. Der Landgraf stimmte zu, doch Luther war schon zu schwach. Am 18. Februar starb er dort, wo er das Licht der Welt erblickt hatte.

Was man über die Reformation wissen sollte

Die Reformation (= „Umgestaltung, Wiederherstellung") war nicht nur eine religiöse Wende am Ende des Mittelalters, sie läutete mit der Gründung der evangelischen Kirchen auch eine neue Epoche der

Weltgeschichte ein: Plötzlich gab es nicht mehr nur eine Wahrheit, nicht nur eine allgemeingültige Lehrmeinung und ein geistliches Oberhaupt, sondern mehrere konkurrierende Glaubensangebote und Wertesysteme. Damit wurde der überlieferte „Absolutheitsanspruch" der kirchlichen Institutionen erstmals offiziell infrage gestellt.

Der reformatorische Kulturwandel setzte deshalb auch den Grundstein für die Neuzeit. Und für die Aufklärung, in der wenige Generationen später eine allgemeinere Kritik an Obrigkeiten, geistlichen Dogmen und überholten Traditionen aufkam. Es war auf einmal erlaubt, selbst zu denken – das war auch nötig, denn man konnte und musste ja (zumindest als Fürst) erstmals selbst entscheiden, woran man glauben und was man für wahr halten wollte.

Dass die Reformatoren eigentlich die „ursprüngliche Kirche" wiederherstellen und nicht eine neue schaffen wollten, war natürlich ein hehrer Vorsatz, erwies sich aber in der Realität als undurchführbar. Zu sehr baute die Kritik Luthers auf der Negativfolie „Die katholische Kirche macht es falsch" auf, als dass noch einmal eine gütliche Einigung denkbar gewesen wäre. Zudem war der evangelische Glaube von Anfang an sehr vom Wohlwollen einflussreicher Menschen abhängig, die ihn ihrerseits für politische Zwecke nutzten und ihren Einfluss im Machtgefüge Deutschlands stärken wollten. Schauen wir uns einige der Hintergründe und Kennzeichen für diesen Epochenwechsel deshalb noch einmal etwas genauer an (→ *Was man über Luther wissen sollte*).

Zeit

In der Theologie gibt es den schönen Begriff „Kairos". Er meint: Etwas geschieht genau zum richtigen Moment am richtigen Ort. Und das heißt in unserem Fall: Wäre Luther hundert Jahre früher in Barcelona geboren, hätte sich möglicherweise kein Mensch für seine revolutionären Gedanken interessiert. In Deutschland aber war die Zeit reif für einen großen Denker, dessen Ideen die Sehnsüchte und Ängste der Menschen aufnahmen.

Was war im Vorfeld passiert? 1. Im 14. Jahrhundert war der Humanismus entstanden, eine philosophische Bewegung, die einerseits die Quellen der Antike neu entdecken, andererseits aber auch die christliche Frömmigkeit wieder enger an die Bibel und das Urchristentum binden wollte. 2. Die Entdeckung Amerikas erweiterte den denkerischen Horizont der Menschen. Es gab offensichtlich mehr auf der Welt, als man bislang für möglich gehalten hatte. 3. Der Buchdruck ermöglichte die schnelle Verbreitung neuer Ideen. Und 4. Die Städte gewannen durch ihren wachsenden Reichtum zusehends an Einfluss, so dass sich auch das Sozialgefüge der Gesellschaft stark veränderte.

Darüber hinaus gab es eine große Unzufriedenheit mit der Geldpolitik der römisch-katholischen Kirche, und während das habsburgische Herrscherhaus immer mächtiger wurde, strebten die kleinen Landesfürsten erkennbar nach mehr Unabhängigkeit. Die Gesellschaft war also so stark im Wandel wie lange nicht mehr.

Himmel und Hölle

Noch etwas begünstigte die Reformation: Während sich die Kirchen heute verstärkt mit dem Diesseits beschäftigen und überlegen, was der Glaube an Jesus Christus für unser Dasein auf der Erde bedeutet, war das Christentum im Mittelalter stark auf das Jenseits ausgerichtet. Als entscheidend galt die Frage: „Komme ich nach dem Tod in den Himmel oder in die Hölle?" Bisweilen findet man in älteren Kirchen diesen Gedanken sehr bildhaft dargestellt. Da steigen auf der einen Seite die guten Menschen selig zu Gott auf, während auf der anderen Seite die bösen Menschen von widerwärtigen Teufeln auf einem Rost gegrillt werden.

In die Hölle kamen – nach vorreformatorischem Verständnis – all jene Menschen, die nicht anständig gelebt hatten. Zum Glück gab es die Beichte, bei der man die Vergebung der Sünden zugesprochen bekam. Die Sünden konnte man dann durch symbolische Strafen wie Zwangsgebete und zum Beispiel 1.375 Vaterunser sühnen. Luther selbst hoffte ja anfangs, als Priester könnte er so leben, dass er alles richtig macht (→ *Was man über Luther wissen sollte*). Er schrieb aber: „Als Mönch gab es für mich nichts anderes, als nach unserer Regel zu leben. Oft genug habe ich gebeichtet, alles, was mir an Sünden einfiel, aufgezählt und die Strafe, die ich zur Buße tun musste, willig ausgeführt. Dennoch habe ich nie die gewünschte Gewissheit erlangt."

Luther lebte also in der ständigen Angst, für den Himmel nicht gut genug zu sein. Wie ihm ging es damals vielen Menschen. Man kann sich vorstellen, welche Erleichterung es für große Teile der Bevölkerung war, dass der Reformator wenig später anhand der Bibel zeigen konnte, dass Gott gar nicht an Perfektion interessiert ist. Er möchte geliebt werden. Die Kirche hatte stattdessen den Ablass angeboten – ein seltsames Instrument zum Umgang mit der Höllenangst.

Ablassstreit

Irgendwann im Mittelalter entwickelten einige Theologen eine merkwürdige Vorstellung: Jesus und die Heiligen hätten so viel Gutes getan, dass im Lauf der Zeit eine Art „himmlisches Guthaben" angespart worden wäre. Und mit diesem Schatz könnten die Sünden-Schulden der Menschen ausgeglichen werden. Man gab also Geld für einen Anteilsschein an den „heiligen Ersparnissen" und konnte so seine Sünden-Schulden tilgen. Damit wurde man angeblich nicht nur von den kirchlichen Bußstrafen befreit, sondern auch vor Gottes Strafen wie Krieg, Hungersnot oder Fegefeuer geschützt. Das Verfahren nannte sich „Ablass".

Luther fand diese Vorstellung äußerst fragwürdig. Vor allem aber entsetzte ihn, dass Papst Julius II. einen Ablass ausgeschrieben hatte, der erkennbar nur einen Sinn hatte: Er sollte den Neubau der Peterskirche in Rom finanzieren. Es ging der Kirche also weniger um das Seelenheil der Christen als um reine Geldbeschaffung. Außerdem wurde bei diesem Ablass auch noch an allen Ecken und Enden gemauschelt, so dass selbst hochrangige Kirchenvertreter sich von übelsten Verfehlungen lässig freikaufen konnten. Da platzte Luther der Kragen.

Letztlich wurde der Ärger des Wittenbergers über den Ablass der Auslöser für die ganze Reformation. Als nämlich die „95 Thesen gegen den Ablass" erst einmal für Aufruhr gesorgt hatten, entdeckte Luther immer mehr kirchliche Bereiche, in denen ganz genau so gedacht wurde: Es ging überall um Machterhalt, Profit und Selbstbeweihräucherung. Und damit letztlich um ein abstoßendes Spiel mit den Ängsten der Menschen. Das aber, fand Luther, hatte mit dem lebendigen und lebensstiftenden Gott der Bibel nichts mehr zu tun (→ *Was man über Gnade wissen sollte*).

Bauernkrieg

Wie sehr Deutschland zu Beginn des 16. Jahrhunderts im Umbruch war, zeigt auch die Tatsache, dass nicht nur die Städte und die Landesfürsten nach mehr Selbstständigkeit, Macht und Einfluss strebten, sondern auch die Bauern. Sie wollten nicht länger in Verhältnissen leben, die an Sklaverei grenzten, und forderten mehr Rechte: Abschaffung der Leibeigenschaft, weniger Steuern und freie Pfarrerwahl. Bei all dem fühlten sie sich durch Luthers Gedanken von der „Freiheit eines Christenmenschen" bestärkt und ermutigt. Kein Wunder, dass die Reformation bald auch zu einer handfesten Revolution wurde.

Luther jedoch sah sich von den Bauern zunehmend missverstanden. Ihm ging es schließlich um geistliche Freiheit. Er verstand die Anliegen der Armen zwar, bat sie jedoch, sich bei ihren Forderungen nicht auf die Bibel zu berufen. Als die Bauern dann anfingen, Schlösser und Klöster zu plündern und ihre Wünsche mit Gewalt durchzusetzen, distanzierte sich der Reformator von diesem Kampf mit allem Nachdruck in der Schrift „Wider die räuberischen und mörderischen Rotten der Bauern".

Im Frühsommer 1525 hatte sich aus den vereinzelten Aufständen ein regelrechter Krieg entwickelt. Da schlossen sich die Landesfürsten zusammen und schlugen das Heer der Bauern bei Frankenhausen vernichtend. Mehr als 6.000 Menschen starben. Der Theologe Thomas Müntzer, der die Bauern anführte (→ *Fünf andere Reformatoren*), wurde daraufhin hingerichtet. Die Reformation blieb zwar auch weiterhin eine Volksbewegung, es war jedoch bald erkennbar, dass sie sich vor allem auf der Ebene der Regierenden durchsetzen würde.

Augsburger Religionsfrieden

Immer wieder kam es im Lauf der Reformation zu Streitigkeiten zwischen den Landesfürsten. Zu Konflikten, die eben auch mit den verschiedenen Konfessionen zu tun hatten. Der erste „richtige" Konfessionskrieg aber war der „Schmalkaldische Krieg", in dem der Papst und der katholische Kaiser offiziell den Protestanten gegenüberstanden. Luther war zunächst dagegen gewesen, gegen die weltliche Obrigkeit zu kämpfen, ließ sich dann aber überzeugen, dass der Kaiser ja offiziell von den Landesfürsten gewählt sei und deshalb nicht einfach gegen deren Überzeugung handeln dürfe.

1546 eröffnete der Kaiser die kriegerischen Handlungen unter dem Vorwand, einige Fürsten hätten Landfriedensbruch begangen.

Daraufhin kam es sowohl in Nord- als auch in Süddeutschland zu großen Schlachten. Doch obwohl dem „Schmalkaldischen Bund" sehr mächtige Länder wie Hessen, Kursachsen, Braunschweig-Lüneburg und Städte wie Lübeck, Magdeburg und Bremen angehörten, verloren die Protestanten den Krieg (→ *Was man über Luther wissen sollte*).

Nach der Niederlage versuchte Kaiser Karl V., mit dem sogenannten „Augsburger Interim" die katholische Kirche wieder vollständig herzustellen. Melanchthon und die Reformatoren antworteten darauf aber mit dem sogenannten „Leipziger Interim", in dem sie an der neuen Lehre festhielten. Zudem kämpfte nun auch Moritz von Sachsen, ein einflussreicher Herrscher, entschieden für die protestantische Seite, so dass am Ende die Anführer beider Parteien im Augsburger Religionsfrieden von 1555 das Recht bekamen, ihre Religion frei zu wählen. Damit war die Bewegung der Reformation offiziell zur evangelischen Kirche geworden.

Was man über Gnade wissen sollte

Gnade (= „sich neigen") heißt: Gott wendet sich den Menschen zu. Für Martin Luther war diese Erkenntnis die große Offenbarung seines Lebens (→ *Was man über Luther wissen sollte*). Wenn es stimmt, dass der Mensch gar nicht versuchen muss, zu Gott zu kommen, sondern dass Gott zu den Menschen kommen will, dann besteht das Heil eben nicht darin, gerecht zu werden, sondern Gott vertrauensvoll um Vergebung zu bitten – und sie zu bekommen. Natürlich ist der Mensch unvollkommen, aber das trennt ihn gar nicht von Gott (wie man allzu lange dachte), weil der allmächtige Gott in der Lage ist, jegliche Distanz zu überwinden.

Die im Evangelium verkündete Gnade steht daher im Gegensatz zum „Gesetz" – sprich: zu jedem Denken, das meint, der Mensch könne sich das Wohlwollen Gottes erarbeiten oder müsse sich exakt so oder so verhalten, um geliebt zu werden. „Das ist Unsinn!", sagt die Bibel: Gottes Liebe kann man sich nicht verdienen. Und weil „Gott selbst die Liebe ist", wie es im ersten Johannesbrief (*4,8–16*) heißt, liebt er seine Geschöpfe völlig unabhängig davon, ob ein Mensch dieser Liebe gerecht wird oder nicht. So wie gute Eltern ihre Kinder auch nicht weniger lieben, wenn diese mal über die Stränge schlagen. Was wäre das sonst für ein Gott? „Wenn du fünf Mal fluchst, dann liebe ich dich nicht mehr." Seltsame Vorstellung.

„Gnade" ist bis heute eines der zentralen Themen der Christenheit, auch deswegen, weil zu allen Zeiten Gemeindeformen existierten, die sich damit schwertaten. Kein Wunder: Es ist ja auch viel einfacher, wenn einem jemand sagt: „Du musst dies oder jenes tun!" So funktioniert Glauben aber nicht. Gott will, dass seine Geschöpfe befreit leben können. Natürlich ist es dabei sinnvoll, bestimmte Regeln einzuhalten, aber diese Regeln sollen dem Menschen helfen, nicht ihn entmündigen. Übrigens: Wirklich „gut" handelt ohnehin nur derjenige, der ein Gebot befolgt, weil er es als sinnvoll erkannt hat – und nicht, weil er muss.

Werkgerechtigkeit

Das bedingungslose Ver- und Einlassen auf Gottes Gnade ist der protestantische Weg, alles andere nennt man „Werkgerechtigkeit". Martin Luther bezeichnet mit diesem etwas spröden Begriff die weitverbreitete Auffassung, ein Mensch könne durch fromme Leistungen und gute Werke die Sympathie Gottes erlangen. Nun: Man würde über eine solche Vorstellung als aufgeklärter Mensch heute fröhlich hinweggehen, wäre sie nicht die Grundlage fast aller Weltreligionen und noch immer ein schier unausrottbarer Irrtum vieler Christinnen und Christen.

Ja, für die meisten Deutschen gilt noch im 21. Jahrhundert derjenige als Christ, der „besonders anständig lebt, die Gebote Gottes hält und nichts Unrechtes tut". Das ist zwar völliger Humbug, aber weit verbreitet. Und weil viele Menschen keine Lust haben, andauernd anständig zu sein, haben sie auch keine Lust, Christen zu werden. Dabei ist das „Anständig-Sein" der Denkfehler. Ein Christ muss nicht anständig sein. Gott bewahre! Das kann er nämlich gar nicht. Jedenfalls nicht so, dass er die Maßstäbe Gottes für ein ideales Leben erfüllen würde. Der Knackpunkt liegt woanders: Ein Christ hat irgendwann Lust, anständig zu sein. Weil er entdeckt, dass er damit sich und der Welt Gutes tut.

Der Apostel Paulus hat einmal geschrieben: „Die Menschen sind alle Sünder und schaffen es nicht, vor Gott ruhmvoll da zu stehen" (*Römer 3,23*). Und die gute Nachricht lautet: Weil Gott das weiß, kann dort die Unvollkommenheit der Geschöpfe nicht dauerhaft zwischen Gott und den Menschen sein. Gott kümmert sich darum, dass alles Trennende beseitigt wird. Indem er selbst Mensch wird.

Römerbrief

Martin Luther entdeckte das Geheimnis der Gnade im Römerbrief – dem Brief, den der Apostel Paulus an die kleine, junge Gemeinde in Rom schrieb. Irgendwann, Ende der ersten fünfziger Jahre. Der Satz „Allein aus Glauben wird der Mensch gerecht" (*Römer 3,28*) reformierte im wahrsten Sinne des Wortes das Gottesbild des verzweifelten jungen Theologen in Wittenberg (➔ *Was man über Luther wissen sollte*).

Paulus zeigt nämlich, dass natürlich alle Menschen gegenüber Gott, ihrem Schöpfer, für ihre Sünden (sprich: für ihr lebensfeindliches und eigensüchtiges Verhalten) verantwortlich sind. Diese Schuld steht zwischen dem Schöpfer und seinen Geschöpfen. Aber: Als Jesus am Kreuz stirbt, da nimmt er die Schuld der Welt auf seine

Schultern. Eigentlich hätte der Mensch für seine Lebensweise den Tod verdient, aber Jesus geht stellvertretend für ihn in den Tod – und steht wieder auf (→ *Zehn wichtige Geschichten aus dem Neuen Testament*). Der Tod ist deshalb keine Strafe mehr, sondern von Gott überwunden. Im Johannesevangelium wird das so beschrieben: „So sehr liebt Gott die Welt, dass er seinen einzigen Sohn hingab, damit alle, die an ihn glauben, das ewige Leben haben" (*3,16*).

Gott selbst löst das Problem, dass zwischen ihm, dem Allmächtigen, und den Menschen lange Zeit eine große Distanz war. Was aber kann und soll der Mensch nun tun, wenn er nicht mehr an seinen Handlungen gemessen wird? Ganz einfach: Diese Gnade Gottes annehmen. Wirklich vertrauen, dass Gott ihm vergibt. Wer das versteht, der ist befreit von allen Zwängen.

Geschenk

Nun könnte man denken, das mit der Gnade sei doch eher ein nettes theologisches Gedankenspiel aus der Antike – für den Alltag zu Beginn des dritten Jahrtausends jedoch nicht mehr gar so relevant. Das kann man so sehen, muss man aber nicht. Denn eins ist klar: Noch immer fällt es den meisten Menschen unfassbar schwer, mit Versagen umzugehen. Ja, mehr noch: Die meisten Leute bestimmen ihren Selbstwert ganz und gar über ihre Leistung. „Gut bin ich, wenn ich viel schaffe. Und wenn ich nichts leiste, bin ich nichts wert."

Ein Mensch, der dagegen weiß, dass er unabhängig von seinen Erträgen oder Erfolgen geliebt ist, lebt anders; fröhlicher, entspannter, gelassener, heiterer. Der fühlt sich nicht von einer Herausforderung zur nächsten getrieben, sondern kann grundsätzlich „Ja" zu sich sagen: „Ja, es ist gut, dass es mich gibt." Ein solcher Mensch sieht das Leben als Geschenk an. Er freut sich über positive Entwicklungen in seinem Leben, macht davon aber nicht sein Glück abhängig: „Mein

Wert hat nichts mit meinen Erfolgen oder Niederlagen zu tun. Und ich gehöre zu Gott, das gibt mir Sinn und Halt."

Darüber hinaus ist jemand, der sich von Gott geliebt weiß, ein dankbarer Mensch. Einer, der sich geborgen weiß und nicht einmal mehr mit der Angst vor dem Tod kämpfen muss. Das alles hat großen Einfluss auf die Lebensqualität. Kein Wunder, dass gläubige Menschen nachweislich länger leben, schneller gesund werden und dass – man höre und staune – gläubige Frauen einer amerikanischen Studie zufolge ein wesentlich erfüllteres Sexualleben haben als Atheistinnen.

Ethik

Wenn das wahr ist, dass Gott dem Menschen aus Gnade die Schuld vergibt, warum sind dann trotzdem so viele Gebote und Vorschriften in der Bibel? Ganz einfach: Dass Gott die Fehler des Menschen nicht mehr als Hindernis für seine Liebe ansieht, heißt nicht, dass er nicht trotzdem klare Vorstellungen von einem gelungenen Leben hätte. Ja, Vergebung macht überhaupt erst da Sinn, wo klar ist, dass der Mensch die Wahl hat, sich falsch oder richtig zu verhalten. Und wie das „Richtig" aussieht, das verkündet Gott mit Leidenschaft und wirbt hingebungsvoll für seine Ideale.

Als Jesus gefragt wurde, wie das denn nun mit den Geboten genau aussähe, hat er deshalb das berühmte Doppelgebot der Liebe formuliert: „Du sollst Gott von ganzem Herzen lieben – und deinen Nächsten wie dich selbst" (*Markus 12,30 f.*). Letztlich ist das sogar ein dreifaches Gebot. Und es geht immer um das Gleiche: um Liebe. Liebe Gott, deinen Nächsten und dich selbst. Wer die entscheidenden Gebote Gottes betrachtet, wird feststellen, dass sie letztlich nichts anderes sind als eine Auslegung dieser zentralen Botschaft: „Lebe so, dass du dir und deinen Mitmenschen nicht schadest. Und liebe Gott voller

Hingabe, weil er als dein Schöpfer am besten weiß, was dir guttut. Bei ihm findest du zu dir selbst."

Gnade bedeutet daher nicht die Aufhebung der Gebote, sondern ein ganz neues Einlassen auf sie: Nicht mehr aus Furcht vor Strafe, sondern weil sie das Leben fördern. Die Liebe soll dabei der alleinige Maßstab sein. Jesus selbst hat deshalb darauf hingewiesen, dass Gebote natürlich auch situationsabhängig sind. Er sagte: „Die Gebote sind für den Menschen da, nicht der Mensch für die Gebote" (vgl. *Markus 2,27*). Sprich: Gebote wollen Lebenshilfen sein, keine Beschränkungen.

Stimmung

Wer sein Leben als Geschenk empfindet, der darf es auch feiern. Deshalb ist es so erschreckend, dass sich das Christentum im Lauf der Geschichte oft als Vertreter von Leibfeindlichkeit und als absolute Spaßbremse erwiesen hat. Äußerst merkwürdig. Jesus selbst war nämlich bei seinen Gegnern als „Fresser und Weinsäufer" (*Matthäus 11,18 f.*) verschrien, weil er regelmäßig gut gelaunt mit irgendwelchen schrägen Typen auf Partys gesichtet wurde. Sein erstes Wunder bestand übrigens darin, Wasser in Wein zu verwandeln (vgl. *Johannes 2,1–11*). Und zwar in einen äußerst feinen Tropfen. Das sagt doch alles! Oder?

Luther selber erwähnt mehrfach, dass man sein Leben bitteschön nicht miesepetrig, sondern mit Leidenschaft, Begeisterung und Fröhlichkeit angehen solle. Alles andere wäre nicht in Gottes Sinn. Kein Wunder: Wenn Gott mich liebt, dann gilt es, diese Liebe umzusetzen. Eigentlich müssten Christen diejenigen sein, die in der Gesellschaft als die großen Feierer bekannt sind. Nur mit dem kleinen Unterschied, dass sie sich nicht die Kante geben müssen, um ihren Alltag zu vergessen, sondern dass sie jubeln, weil sie Gottes Gegenwart genießen.

Selbst Gnade empfangen zu haben ist übrigens die beste Motivation, mit anderen ebenfalls gnädig zu sein. Und mit ihnen liebevoll umzugehen. Darum weist Gnade immer auch über das Verhältnis des Individuums zu Gott hinaus auf ein gemeinsames Miteinander, das aus Gnade lebt. Weil Jesus im Umgang mit Menschen so überaus gnädig war, tragen viele Jugendliche auf der Welt ein kleines Armband mit den Buchstaben „WWJD" (= „What would Jesus do?", zu Deutsch: „Was würde Jesus tun?"). Manchmal hilft diese Frage am besten, mit sich und anderen gut umzugehen.

Zehn wichtige Sätze Luthers

Martin Luther verdankt seinen großen Einfluss auf die Weltgeschichte auch seiner Formulierkunst. Seine Sätze waren oft derart brillant, bildhaft und poetisch, dass sie an vielen Stellen sogar Einfluss auf die Entwicklung der deutschen Sprache nahmen. Natürlich auch, weil die Bibel zum ersten Mal von jedermann auf Deutsch gelesen werden konnte. Der Schriftsteller Bertolt Brecht lobte im Besonderen die „Gestik" der lutherischen Sprache und meinte damit, dass man bei Luthers Sätzen oftmals direkt sehen könne, welche Geste eigentlich dazugehört. Etwa bei einem so markigen Ausspruch wie „Wenn dich dein Auge ärgert, dann reiß es aus und wirf es weg" (*Matthäus 5,29*).

Manche Aussagen Martin Luthers fassen mit wenigen Worten zusammen, was dem Reformator am Herzen lag. Sie sind deshalb zu Recht weltberühmt geworden und werden auch gerne in wissenschaftlichen Abhandlungen und Predigten zitiert. Wer sich selbst etwas Gutes tun oder auf Stehpartys Eindruck schinden will, kann einfach die folgenden zehn Zitate auswendig lernen: „Wie sagte schon Luther …". Natürlich merkt man beim Lesen dieser Sätze, dass sie

500 Jahre alt sind. Wir würden vieles heute anders ausdrücken. Aber das macht nichts. Gerade in ihrer spätmittelalterlichen Diktion entdecken wir etwas von der ursprünglichen Person Martin Luthers. Viel Vergnügen!

Das, woran du dein Herz hängst und worauf du dich mit deinem Leben verlässt, das ist eigentlich dein Gott. Das wird zu Gott, worauf du vollkommen vertraust. (Großer Katechismus)
Luther war überzeugt, dass jeder Mensch an etwas glaubt – sei es an Geld, Erfolg oder an seine Begabungen. Wichtig ist deshalb, sich ernsthaft zu fragen, woran man glaubt.

Ein Christ ist ein freier Herr und niemandem untertan. Ein Christ ist freiwillig Knecht und allen Menschen untertan.
(Von der Freiheit eines Christenmenschen)
In der Reformationszeit sehnten sich viele Menschen nach Freiheit. Luther macht deutlich, dass Glauben zuerst innere Freiheit bringt. Eine Freiheit der Liebe, die sich in Taten äußert.

Hier stehe ich. Ich kann nicht anders. Gott helfe mir.
(Rede vor dem Reichstag 1521 in Worms)
Als Luther aufgefordert wurde, seinen kritischen Gedanken abzuschwören, berief er sich mit diesen Worten auf die Bibel, sein Gewissen und auf Gott.

Unser Herr und Meister Jesus Christus wollte mit seinem Wort ‚Tut Buße‘ sagen, dass das ganze Leben der Gläubigen Buße sei. (95 Thesen)
Luther wollte keine Trennung zwischen sakralen Zeiten am Sonntag und dem Alltag in der Woche. Sein Ideal war, dass der Glauben alles durchdringt und verändert.

*Das Gesetz sagt ‚Tu dies' und es wird nie getan; die Gnade sagt ‚Glaube
an den' und schon ist alles getan. (Heidelberger Disputation)*
Nichts war Luther wichtiger als die Erkenntnis, dass Gott den Glaubenden gnädig ist. Weil kein Mensch aus eigener Kraft die Gebote erfüllen kann.

*Wenn unsere Gegner mit der Schrift Christus vertreiben, dann treiben
wir es mit Christus gegen die Schrift. (Disputationsthesen)*
Luther ließ für die Interpretation der Bibel nur ein Kriterium gelten:
das, was die heilsame Botschaft von Jesus verkündet. Schließlich argumentierten auch seine Gegner mit Bibelstellen.

Sündige tapfer, aber glaube noch tapferer. (Brief an Melanchthon)
Viele verklemmte Christen haben so viel Angst vor der Sünde, dass
sie vergessen, richtig zu leben. Das sah Luther ganz anders.

*Christ-Sein heißt nicht fromm sein, sondern fromm werden.
Ein Werden, keine Ruhe, eine Übung. Wir sind noch nicht, werden aber.
(Von der Freiheit eines Christenmenschen)*
Glauben ist ein lebenslanger Prozess. Ein Wachsen. Ein Gott-näher-Kommen. Luther betont das, weil sich zu viele Leute auf ihrer Taufe
ausruhen und nichts mehr dazulernen wollen.

*Gute Werke machen einen Menschen nicht gut,
aber ein guter Mensch tut gute Werke.
(Von der Freiheit eines Christenmenschen)*
Glaube befreit. Darum muss kein Glaubender etwas tun, um sein Heil
zu erlangen. Wenn er aber glaubt, wird er von sich aus Gutes in der
Welt bewirken wollen.

Wir sind Bettler, das ist wahr. (Luthers letzte Worte)
Ein Bettler ist von den Almosen der Menschen abhängig. Ein Christ von der Liebe und Güte Gottes. Dieser Gedanke begleitete Luther sein Leben lang.

Zehn markige Sprüche Luthers

Dass Luther kein verkopfter Theologe war, sondern jemand, der das Leben mit allen Sinnen genießen konnte, sieht man nicht nur auf den späten Bildern, die ihn als äußerst fülligen Mann zeigen. Neben hochgeistigen Ideen gab der Wittenberger immer wieder auch flapsige oder raubeinige Sprüche von sich, von denen einige ebenfalls Weltruhm erlangt haben.

Besonders lustig ging es im Hause Luther offensichtlich bei Tisch zu. Da waren neben der Großfamilie nämlich immer zahlreiche Gaststudenten anwesend, die dann die Zeit nutzten, um mit dem großen Martin disputieren zu können. Und Luther hatte gar nichts dagegen, sich auch über ganz weltliche Dinge zu ergehen. Viele der dabei entstanden Weisheiten wurden aufgeschrieben und in den „Tischreden" gesammelt. Ob Luther tatsächlich bisweilen nach dem Essen gefragt hat: „Warum rülpst und furzt ihr nicht? Hat es euch nicht geschmeckt?", weiß ich nicht genau. Überliefert ist aber auf jeden Fall sein Ratschlag für ein gesundes Geschlechtsleben: „Der Woche zwier, das lob ich mir." Sprich: Zweimal die Woche Sex fand Luther für ein verheiratetes Paar eine angemessene Quote.

Zum Glück ist neben solcherlei anrüchigen Zitaten auch manche sprachliche Perle festgehalten worden, die einen bis heute berührt und ins Nachdenken bringt. Hier eine kleine Auswahl.

Wenn du ein Kind siehst, hast du Gott auf frischer Tat ertappt.

Wer nicht liebt Wein, Weib und Gesang, der bleibt ein Narr sein Leben lang.

Auch wenn ich wüsste, dass morgen die Welt zugrunde geht, würde ich heute noch einen Apfelbaum pflanzen.

Du kannst nicht verhindern, dass ein Vogelschwarm über deinen Kopf hinwegfliegt. Aber du kannst verhindern, dass er in deinen Haaren nistet. So ist es auch mit den bösen Gedanken.

Für die Toten Wein, für die Lebenden Wasser; das ist eine Vorschrift für Fische.

Die Glocken klingen anders als sonst, wenn man einen Toten kennt, den man lieb hat.

Die Lüge ist wie ein Schneeball; je länger man sie fortwälzt, desto größer wird sie.

Ihr könnt predigen, über was ihr wollt, aber niemals über vierzig Minuten.

Wer mit zwanzig nicht schön, mit dreißig nicht stark, mit vierzig nicht klug und mit fünfzig nicht reich ist, der darf danach nicht hoffen.

Ich kenne drei böse Hunde: Undankbarkeit, Stolz, Neid. Wen diese drei Hunde beißen, der ist übel dran.

Fünf andere Reformatoren

Weder konnte Martin Luther seine Reformation allein durchführen, noch blieb er der einzige Reformator. Als erst einmal der Bann gebrochen war und immer mehr Menschen erkannten, dass die katholische Kirche möglicherweise nicht die allein seligmachende Institution auf Erden ist, entwickelten verschiedene Denker neue Ansätze für geistliche Gemeinschaften. Das führte dazu, dass heute weltweit Hunderte, ja, Tausende von christlichen Konfessionen und Gemeindeformen existieren (→ *Was man über die Konfessionen wissen sollte*).

Dieser Zustand ist einerseits bedauerlich, weil sich viele christliche Gruppen in einer Weise voneinander abgrenzen, die man ganz klar als unchristlich bezeichnen kann. Andererseits hat diese bunte Vielfalt natürlich auch ihre Chancen: Wenn unterschiedliche Kirchen offen und lernbereit miteinander um die Wahrheit ringen, kommen sie ihr wahrscheinlich näher, als wenn die Wahrheit totalitär von einer einzigen Institution verwaltet wird. Zudem gilt, dass eine Gemeinde in Schwarzafrika tatsächlich andere liturgische und kulturelle Ausdrucksformen braucht als eine Gemeinde in Papua-Neuguinea, Transsilvanien, Atlanta oder Brunsbüttel. Zu erwarten, dass weltweit mit exakt den gleichen Elementen Gottesdienst gefeiert wird, scheint eher abwegig.

Theologen der Postmoderne gehen sogar noch einen Schritt weiter. Sie sagen: „Luther wollte die Kirche seiner Zeit von erstarrten Strukturen befreien und die Botschaft Jesu neu für alle verständlich machen. Das Erbe Luthers ernst nehmen heißt deshalb nicht, lutherische Gottesdienste wie im 16. Jahrhundert zu feiern, sondern wie Luther die kirchlichen Verkrustungen der Vergangenheit zu beseitigen und das Evangelium so zu kommunizieren, dass es im 21. Jahrhundert verstanden wird." Im Sinne des klugen Satzes „Ecclesia semper reformanda" (Die Kirche muss immer wieder reformiert werden.) gilt es also, die Kirche anpassungsfähig und zeitgemäß zu halten. Hier ein Schnellkurs über die wichtigsten Mit- und Weiterdenker des großen Reformators.

Philipp Melanchthon (1497–1560)

Der begeisterte Humanist war ab 1518 Professor für Griechisch in Wittenberg und wurde bald zu einem engen Freund und Mitarbeiter Luthers. 1521 verfasste Melanchthon die erste wissenschaftliche Ausformulierung der reformatorischen Theologie – allerdings noch in Latein. Er war auch bei fast allen wichtigen Disputationen und Religionsgesprächen mit dabei. Da Luther ab 1521 als vogelfrei galt, agierte Melanchthon oftmals als sein Stellvertreter (→ *Was man über Luther wissen sollte*). In dieser Funktion formulierte er große Teile der „Confessio Augustana" (= Augsburger Bekenntnis), einer bis heute gültigen Bekenntnisschrift der evangelischen Kirchen.

Obwohl Melanchthon nach Luthers Tod zum geistigen Leiter des Protestantismus wurde, sah er manche Dinge anders als der große Thesenklopfer, so dass es später sogar zu Streitigkeiten zwischen den strengen Lutheranern und den Philippisten kam. Bekannt wurde Melanchthon zudem dadurch, dass er das Schulwesen seiner Zeit reformierte. Eine Aufgabe, die ihm den schönen Titel „Praeceptor Germaniae" (= „Lehrer Deutschlands") einbrachte.

Als Humanist betonte Melanchthon, anders als Luther, den Wert der Tradition. Darüber hinaus war er ein eher rationaler Denker, so dass seine Schriften oftmals logischer aufgebaut sind, aber dadurch lange nicht so viel Leidenschaft und Feuer enthalten wie die Werke Luthers. Man kann Philipp Melanchthon sicher den „Intellektuellen" unter den Reformatoren nennen.

Johannes Calvin (1509–1564)

Der Sohn eines bischöflichen Notars erlebte seine Wende zur reformatorischen Erkenntnis wie Luther als persönliche Bekehrung. 1534 musste er aufgrund einer Protestantenverfolgung aus Frankreich fliehen und ließ sich in Basel nieder, wo er auch sein bedeutendstes Werk schrieb, die „Institutio religionis Christianea" (= „Die Lehre von der christlichen Religion"). Später wirkte er in verschiedenen Städten beim Aufbau reformatorischer Gemeinden mit: in Straßburg, vor allem aber in Genf.

Calvin ist der bedeutendste Schüler Luthers und war sowohl ein großer Prediger als auch Theoretiker. Allerdings entfernte er sich in einigen Punkten bald von seinem Lehrmeister: 1. Er wollte die Bibel wesentlich wörtlicher nehmen als Luther, weil dieser sie angeblich zu frei interpretierte.   2. Er betonte Gottes Souveränität, die so groß sei, dass nur Gott entscheiden könne, wer gerettet wird und wer nicht. (Ob ein Mensch von Gott erwählt ist, könne allerdings bisweilen am Erfolg eines Lebens abgelesen werden.)   3. Er war der Überzeugung, dass die Gebote auch im Leben eines Christen ihre Bedeutung behielten, während Luther sie in der Gnade Gottes überwunden sah.

In vielen Ländern (etwa in Frankreich, den Niederlanden, Schottland, England und später in großen Teilen der Vereinigten Staaten) wurde die Lehre Calvins zur Grundlage der dortigen reformierten Kirchen. Auch deshalb, weil sich Calvin stark für das Miteinander von Kirche und Gesellschaft einsetzte, während Luther in seiner sogenannten „Zwei-Reiche-Lehre" (vom Reich der Welt und dem ihm gegenüberstehenden Reich Gottes) der Kirche immer einen eigenen, geistlichen Wirkungsraum zusprach. Die theologischen Überzeugungen des Genfer Reformators zeigen, wie sehr zwei protestantische Denker voneinander abweichen können.

Huldreich Zwingli (1484–1531)

Der Bauernsohn Zwingli war der Wegbereiter des Protestantismus in Zürich und damit in der Schweiz. Er studierte zuerst in Wien und Basel, leitete dann als Pfarrer verschiedene Dorfgemeinden und wurde 1519 „Leutpriester" am Großmünster in Zürich. Er war von Luthers Kritik an der Papstkirche sehr beeindruckt, kam jedoch auf eigenem Weg zu seiner reformatorischen Erkenntnis.

Während Luther vor allem die Frage nach dem Seelenheil beschäftigte, litt Zwingli unter der Not seines Volkes und den gesellschaftlichen Zuständen, für die er die katholische Kirche verantwortlich machte. Seine Reformation strebte deshalb nicht nur eine religiöse, sondern auch und vor allem eine politische und soziale Erneuerung an. So kam es ab 1529 zu mehreren Kriegen zwischen den katholischen Ständen in der Schweiz und den Wegbereitern des dortigen evangelischen Glaubens.

Vom Humanismus übernahm Zwingli das Tugendideal und den Wunsch, die Bibel im Original, also in Hebräisch und Griechisch, zu lesen, um sie wortwörtlich verstehen zu können. Als Abspaltung der Züricher Reformation entstanden 1525 zudem die Täufer, eine Gruppe, die die Kindertaufe ablehnte, weil rechter Glaube an ein bewusstes Bekenntnis und die aktive Mitwirkung in der Gemeinschaft gebunden sei. Viele moderne Freikirchen berufen sich auf die Ideale dieser Täufer.

Thomas Müntzer (ca. 1490–1525)

Der im Harz geborene Theologe verband Ideen Luthers mit der spätmittelalterlichen Mystik und kam so zu der Ansicht, dass der Glaube weniger auf einer Auseinandersetzung mit der Bibel und den Überlieferungen beruhen sollte als auf dem aktiven Wirken des Heiligen

Geistes in der Gegenwart. Das aber bedeutete, dass für ihn spontane Eingebungen, die er als Gottes direkte Weisungen ansah, im Vordergrund standen. Dieses Kennzeichen brachte den Anhängern Müntzers den Spitznamen „Schwärmer" ein.

Da Müntzer zugleich der Überzeugung war, dass das Reich Gottes mit seiner umfassenden Gerechtigkeit kurz bevorstehe, engagierte er sich auch in den Bauernaufständen – mit deren Hilfe die unterdrückten Leibeigenen für mehr Rechte und Freiheiten kämpften (→ *Was man über die Reformation wissen sollte*). Spätestens als diese Demonstrationen zu Plünderungen von Burgen, Klöstern und Städten führten, distanzierte sich Luther deutlich von den Schwärmern und veröffentlichte mehrere Streitschriften, in denen er die Eskalationen verurteilte.

Nach dem Sieg der Fürsten über die Bauern bei Frankenhausen 1525 nahm man Müntzer gefangen, folterte ihn und richtete ihn hin. Seine Anfragen an die Reformation sind aber bis heute aktuell: Wenn Jesus seinen Jüngern den Heiligen Geist zusagt, welche Bedeutung hat er dann im Glaubensleben der Gemeinde? Und: Kann es sein, dass Gott durch seinen Heiligen Geist noch heute mit den Menschen konkret redet? Grundsätzlich würden dem alle Reformatoren zustimmen, an der Frage, ob solche Weisungen immer der Bibel entsprechen (müssen), scheiden sich aber die Geister.

John Wesley (1703–1791)

Dieser englische Reformator gehört in eine andere Epoche, steht aber stellvertretend für all die Theologen, die irgendwann so unter einer bestimmten Form von Kirche litten, dass sie bereit waren, sich mit einigen Anhängern abzuspalten. Diese Tendenz ist besonders im 18. und 19. Jahrhundert zu beobachten, einer Zeit, in der im Zuge von „Erweckungsbewegungen" vielerorts der Ruf nach einer frömmeren und persönlicheren Religiosität lautwurde.

John Wesley gründete mit seinem Bruder Charles 1729 in Oxford/England einen frommen Studentenverein, dessen geistliches Leben so klar strukturiert war, dass man die Mitglieder „Methodisten" nannte. Doch erst 1738 hatte Wesley ein persönliches Bekehrungserlebnis, aufgrund dessen er sein ganzes Leben umstellte. Er reiste fortan durch England, rief zur persönlichen Christusnachfolge auf und gründete eigene Gemeinden.

Die Methodisten betonten wieder stärker die Bedeutung guter Werke für die Rechtfertigung und forderten jeden Gläubigen zu einem „Bußkampf" auf. 1795 kam es zur Trennung dieser Bewegung von der anglikanischen Staatskirche, der die Wesleyaner religiöse Leere, Gleichgültigkeit und einen oberflächlichen allgemeinen Gottglauben vorwarfen, der nichts mehr mit einer persönlichen Beziehung des Glaubenden zu Gott zu tun hätte. Die Ermahnung der Methodisten, Glauben nicht einfach als religiösen Zustand, sondern als gelebte und praktizierte Hingabe an Jesus Christus zu verstehen, bewegt bis heute viele Gemüter.

Was uns die Reformation gebracht hat

Es klingt jetzt vielleicht ein bisschen großspurig, aber man kann getrost sagen: Ohne Martin Luther sähe unsere Welt anders aus. Völlig anders sogar. Ja, die von ihm angezettelte Reformation führte zu derart tiefgreifenden gesellschaftlichen Veränderungen, dass sie zu einem Wendepunkt in der Geschichte wurde. Natürlich lagen damals viele Erneuerungstendenzen in der Luft, die auch andere kluge Fürsprecher hatten, aber es war eben Luther, der – bildlich gesprochen – den Stein ins Rollen brachte und damit eine Lawine auslöste, die nicht mehr aufzuhalten war.

Viele Historiker setzen daher den Beginn der Neuzeit (die vierte große Phase der Menschheit nach der „Frühzeit", dem „Altertum" und dem „Mittelalter") mit dem Beginn der Reformation gleich. Sprich: In den Erkenntnissen der Reformatoren spiegelt sich nicht nur ein religiöser, sondern auch ein politischer und sozialer Wandel wider, der die Welt bis heute prägt. Insofern lohnt es sich, diesen Veränderungsprozessen ein bisschen nachzuspüren.

Den meisten Menschen ist nämlich gar nicht bewusst, wie viele kulturelle Errungenschaften letztlich ein Erbe der reformatorischen Impulse sind. Man kann pointiert sagen: Als Martin Luther mit seinen „95 Thesen über den Ablass" (→ *Was man über die Reformation wissen sollte*) die kirchliche Obrigkeit herausforderte, da stellte er zugleich jahrhundertealte Denkstrukturen und Herrschaftssysteme infrage. Kein Wunder, dass das dem Papst und den weltlichen Regenten überhaupt nicht gefiel. Zum Glück scherte sich der Reformator nicht groß um deren Befindlichkeiten. Fünf markante „Weichenstellungen" der Reformation stelle ich kurz vor.

Der Geist der Erneuerung

Solange die katholische Kirche als Verwalterin der einen absoluten Wahrheit galt, war sie unangreifbar. Doch nun wurde durch die Reformation deutlich, dass jedes Wahrheitsmonopol hinterfragt werden kann. Ja, sogar hinterfragt werden muss, weil es eben klug ist, immer wieder neu nach der Wahrheit zu suchen. Da passte es wie die Faust aufs Auge, dass just 1534 in der reformatorischen Stadt Nürnberg das Buch „Über die Umschwünge der himmlischen Kreise" erschien, in dem Nikolaus Kopernikus nachwies, dass sich alle Theologen in einem definitiv geirrt hatten: Die Erde steht gar nicht im Mittelpunkt des Universums, nein, sie dreht sich um die Sonne. Unfassbar!

Mit ihrer Hochachtung der Kritik und ihrer Diskussionskultur wurde die Reformation somit zum Fundament der späteren Aufklärung und begründete einen fröhlichen Forscher- und Entdeckergeist, in dem Logik und wissenschaftliche Erkenntnisse immer wichtiger wurden. Klar ist seither: „Wahrheiten" kann niemand einfach behaupten, er braucht kluge Argumente. Besser noch: Beweise. Oder – bei Glaubensfragen – zumindest überzeugende biblische Belege und tragfähige Erfahrungen. Insofern basiert sogar die Achtundsechziger-Bewegung mit ihrer massiven Kritik an übergeordneten Institutionen letztlich auf reformatorischen Idealen.

Nebenbei: Dass wir heute in Europa frei unsere Meinung äußern dürfen und das Recht haben, alles und jeden kritisch zu beäugen, ist ein Verdienst der Reformation – und die Grundlage dafür, dass Erneuerung so einen hohen Stellenwert hat. Denn nur wer voller Fantasie glauben kann, dass die Welt veränderbar ist, wagt auch erste Schritte.

Die Bedeutung des Individuums

Für den Protestantismus spielte der einzelne Mensch schon früh eine ganz besondere Rolle. Jede und jeder sollte das Recht und die Möglichkeit bekommen, sich ganz individuell mit Gott auseinanderzusetzen. Deshalb übertrug Martin Luther die Bibel in ein zeitgemäßes Deutsch, entwickelte verständliche Gottesdienst-Konzepte, die jeder mitfeiern konnte, und legte Wert auf eine gute Bildung aller Christenmenschen – unter anderem dadurch, dass er den kleinen und den großen Katechismus schrieb, in dem er die Grundlagen des Glaubens erläuterte. (➜ *Luthers Kleiner Katechismus*)

Der berühmte gewordene Ausdruck vom „Priestertum aller Gläubigen" machte den Glaubenden Mut, sich selbst als Gegenüber Gottes ernst zu nehmen und sich nicht von irgendwem vorschreiben zu lassen, wie und was „man" zu glauben hat. Auch Luther selbst berief sich in seinem Streit mit der katholischen Kirche immer wieder auf sein Gewissen. Weil er der Überzeugung war, dass man nur Gott und seinem Gewissen Rechenschaft schuldig sei.

Diese Hochachtung des Individuums hatte in den folgenden Jahrhunderten massive Konsequenzen. Es ist deshalb kein Zufall, dass zuerst die evangelischen Kirchen bereit waren, auch Pfarrerinnen zu ordinieren. Zugegeben: Selbst da hat es lange gedauert. Viel zu lange sogar. Aber nur, wer jeden Menschen für wertvoll und achtenswert hält, fängt überhaupt an, über die Rolle der Frau nachzudenken oder etwa gleichgeschlechtliche Partnerschaften als alternative Lebensmodelle in Betracht zu ziehen.

Die Hochachtung der Freiheit

Für Martin Luther war Freiheit so wichtig, dass er dafür sogar seinen Namen änderte. Bei seiner Geburt hieß der große Reformator nämlich noch „Luder". Später nannte er sich dann in „Luther" um – nach dem griechischen Wort „Ἐλευθέρος", der Befreite. Und letztlich steckt darin die Essenz seiner persönlichen Lebensgeschichte: Er hatte ja am eigenen Leib erfahren, dass das von ihm neu verstandene Evangelium befreien kann. Verständlicherweise heißt eine seiner wichtigsten Schriften deshalb auch „Von der Freiheit eines Christenmenschen".

Wer die Liebe und die Gnade Gottes persönlich erlebt, der fühlt sich innerlich frei. Unbändig frei. Und weil der Mensch natürlich trotzdem in bestimmten Strukturen lebt, entwickelte Luther die (später so genannte) „Zwei-Reiche-Lehre": Im Reich der Welt ist jeder in Ordnungen eingebunden, aber im Reich des Glaubens, in dem das Verhältnis zwischen der menschlichen Seele und Gott geklärt wird, kann er völlig frei sein. Diese Trennung von Staat und Kirche wurde in den folgenden Jahrhunderten zu einer Wurzel der modernen Gesellschaft: „Die Gedanken sind frei ..."

Die Vorstellung, dass jede Frau und jeder Mann das Recht haben, selbst zu entscheiden, was sie glauben, dass jede Form politisch-religiöser Unterdrückung verachtenswert ist, und dass ein „Christenmensch niemandem untertan ist", schaffte dann auch den Nährboden für unser Grundgesetz und die Hochachtung der Toleranz. Die aber wurde, das sei hier auch eingestanden, von Luther selbst nicht immer beherzigt. So schrieb er zum Beispiel mehrfach wütende Aufsätze gegen Juden, die heute scharf verurteilt werden.

Die Würde der Verantwortung

Das reformatorische Menschenbild, das jeder und jedem Einzelnen die Freiheit zusprach, selbstbewusst zu handeln, war natürlich ein Himmelsgeschenk. Zugleich stellte es die Menschen vor heftige Herausforderungen. Denn während man sich in totalitären Systemen bequem zurücklehnen konnte, weil einem ja von oben genau gesagt wurde, was falsch und was richtig ist, forderte Luther die Menschen auf, persönlich Verantwortung für ihr Leben zu übernehmen. Puh! Das ist etwas, das viele bis heute nicht wirklich prickelnd finden.

Für den Wittenberger „Thesenklopfer" war klar: „Ein Christ ist freiwillig Knecht und allen Menschen untertan" (→ *Zehn wichtige Sätze Luthers*). Das heißt: Jeder Christ soll in seinem Lebensumfeld schauen, wie er so handeln kann, dass darin die Liebe Gottes erfahrbar wird. Eine derartig anspruchsvolle Lebenseinstellung führte in den folgenden Jahrhunderten dann auch dazu, dass sich die Protestanten vermehrt in der Armenfürsorge, der Sozialarbeit und in anderen diakonischen Handlungsfeldern engagierten.

Martin Luther sah die Verantwortung im positiven Sinne als eine „Kontrollinstanz" der Freiheit. Ja! Zuerst gilt die gute Nachricht: Durch die Gnade Gottes ist jeder Mensch ganz frei. Aber diese Freiheit der Liebe setzt sich selbst Grenzen, weil sie anderen keinen Schaden zufügen möchte. Deshalb konnte Luther die Anliegen der Bauern nach mehr Rechten zwar inhaltlich unterstützen, lehnte aber die zerstörerischen Taten der Bauernheere kategorisch ab.

Die Kraft der Formen

Schon im Vorwort habe ich zitiert, wie sehr sich Martin Luther bewusst war, dass man bestimmte Inhalte mit guten Geschichten viel besser vermitteln kann als mit drögen Fakten (→ *Vorwort*). Und diese Kunst der Kommunikation hat der Reformator im Lauf der Zeit wahrhaft perfektioniert. Er schrieb fetzige, neue Lieder, die ihm halfen, seine Botschaft zu vermitteln, er formulierte seine Texte so, wie die Leute auf der Straße redeten (→ *Luther und die Bibel*) – und er druckte angeblich den „Kleinen Katechismus" (→ *Luthers Kleiner Katechismus*) am liebsten auf Plakate, die man sich ins Toilettenhäuschen hängen konnte. Eine nur wenig anrüchige Idee: Immerhin hatten die Leute da mehrfach am Tag Zeit, sich in aller Ruhe mit dem Glauben zu beschäftigen.

In Wahrheit steckte hinter diesen scheinbar lässigen Maßnahmen ein zutiefst geistliches Anliegen: Das Evangelium von der Liebe und der Gnade Gottes ist so wichtig, dass alles dafür getan werden soll, es den Menschen möglichst unkompliziert und einladend zu vermitteln. Der moderne Ausdruck „form follows function", also: die Form (oder: die Gestaltung) muss der Aufgabe entsprechen, nimmt daher einen Impuls aus dem 16. Jahrhundert wieder auf. Ja, man kann sogar sagen: Irgendwie ist auch unsere heutige Werbe-Industrie eine Erbin der Reformation.

Relevant wird dieser Anstoß Luthers besonders da, wo etwa die Frage auftaucht, ob denn klassische Gottesdienste im 21. Jahrhundert noch immer die beste Form einer Glaubensfeier darstellen. Ich vermute mal: Käme der Reformator heute als Inspizient in „seine" evangelische Kirche, er würde erschrocken den Kopf schütteln. Denn sein Ansatz, dass die Kirche kulturell und kommunikativ auf der Höhe ihrer Zeit sein muss, heißt ja, dass wir den Menschen auch heute „die Schönheit Gottes" in ihrer Sprache und mit ihren aktuellen Ausdrucksmöglichkeiten nahebringen sollten.

Bei jeder der genannten Veränderungen beriefen sich die Reformatoren übrigens direkt auf die Bibel und auf Jesus, also auf das, was die „Heilige Schrift" überliefert. Schließlich waren sie der festen Überzeugung: All diese radikalen Erneuerungen sind gar nicht „neu", sondern vielmehr uralte „Schätze" der biblischen Botschaft, die nur im Lauf der Jahrzehnte verschüttgegangen waren und neu ausgegraben werden mussten. Dass die Rückbesinnung auf die biblischen Werte zugleich eine neue Epoche einläuten würde, war den geistlichen „Aufrührern" deshalb anfangs überhaupt nicht bewusst.

Umso wichtiger ist es aber, dass wir noch mal ein wenig ausführlicher betrachten, welche Rolle die Bibel für Martin Luther und die Reformatoren überhaupt spielte, was da genau drin steht – und wie man es anstellt, gewinnbringend in diesem jahrtausendealten Schmöker zu lesen. Eine wahrhaft interessante Aufgabe, die schon im 16. Jahrhundert alle Gemüter bewegte!

Jetzt verstand ich, was „Gerechtigkeit Gottes" heißt:
Sie ist das Geschenk, das den Menschen gerecht macht.
— Martin Luther —

Martin Luther und die Bibel

Die Bibel (= „die Bücher"), auch „Heilige Schrift" genannt, ist die entscheidende Quelle für den Glauben und die Lehre der christlichen Kirchen. Sie besteht aus dem ursprünglich in Hebräisch verfassten Alten Testament und dem in Griechisch verfassten Neuen Testament. Jedes der beiden Testamente ist wiederum eine Sammlung verschiedener Texte und Schriften, so dass man die Bibel auch gern als „kleine Bibliothek" bezeichnet. Und diese so vielfältige Bibliothek macht vor allem eines: Sie schwärmt von der Schönheit Gottes und seiner Sehnsucht, mit den Menschen eine Beziehung einzugehen (→ *Was man über Gnade wissen sollte*).

Die Texte des Alten Testaments wurden zwischen dem 5. und dem 2. Jahrhundert vor Christus zusammengestellt, wobei einzelne Teile vermutlich noch viel älter sind. Für das Neue Testament gilt: Die Auswahl der im 1. Jahrhundert entstandenen Texte wurde im 2. bis 4. Jahrhundert nach Christus getroffen. Allerdings wurde man sich dabei nicht so richtig einig. Das erklärt, warum die christlichen Kirchen unterschiedlich viele Bücher in ihren Bibeln haben. Neben den anerkannten „heiligen" Schriften gibt es nämlich zahllose weitere Texte, die vom Handeln Gottes und dem Leben Jesu erzählen. Sie heißen Apokryphen (= „verborgene Schriften"). Ein Großteil dieser Texte wurde in den „Kanon", also die offizielle Sammlung, einfach nicht aufgenommen, weil in ihnen nach Meinung vieler Theologen das Evangelium verfälscht oder legendenhaft ausgeschmückt werde. Es gab aber auch Schriften im Grenzbereich, die von den einen als „gut", von den anderen als „schlecht" beurteilt wurden: etwa die Offenbarung, das Buch Judith oder die Makkabäer-Bücher. So existieren bis heute Texte, die von manchen Konfessionen als Teil der Bibel angesehen werden, von anderen aber nicht.

Da die Texte der Bibel in den ersten Jahrhunderten immer wieder von Hand abgeschrieben wurden, verlockte es die Schreiber natürlich hin und wieder, kleine Erklärungen hinzuzufügen oder vermeintliche Fehler zu korrigieren. Das führt dazu, dass es (vor allem im Neuen Testament) von fast jedem Vers verschiedene Versionen gibt. Und weil die frühesten erhaltenen Textstücke (abgesehen von kleinen Papyrusfunden) aus dem 4. und 5. Jahrhundert stammen, versuchen bis heute Heerscharen von Bibelwissenschaftlern, aus diesem „Puzzle mit 100.000 Teilen" den ursprünglichen Text herauszufiltern. Was für eine Aufgabe!

Was man über die Bibel-Übersetzung wissen sollte

Bis ins späte Mittelalter bekamen die meisten Menschen überhaupt keinen direkten Zugang zur Bibel. Das hatte verschiedene Gründe: Zum einen konnten nur die wenigen Gebildeten lesen, zum anderen war nur die lateinische Version der Bibel, die „Vulgata", offiziell anerkannt. Alle früheren Versuche, die Bibel in die Volkssprachen zu übersetzen, blieben für die Mehrheit der Bevölkerung zudem völlig unerschwinglich.

Nun war aber Martin Luther seit seinem „reformatorischen Erlebnis" (→ *Was man über Luther wissen sollte*) der festen Überzeugung, dass man nur mit Hilfe der Bibel das wahre Wesen Gottes ergründen könne, weil die katholische Kirche auf Abwege geraten sei. Was also lag näher, als die Bibel endlich allen Menschen zugänglich zu machen? Nachdem der Reformator auf die Wartburg gebracht worden war, setzte er genau diesen Plan in die Tat um: In wenigen Monaten übertrug er das gesamte Neue Testament ins Deutsche.

Bei alldem war Luther der festen Überzeugung, dass jeder Mensch vom Bibellesen profitiere – während die katholische Kirche da eine andere Meinung vertrat. Trotzig schreibt der Geächtete: „Es ist ein grausames Verbrechen an der Heiligen Schrift und an allen Christen, wenn man behauptet, die Bibel sei so schwer verständlich, dass nicht jedermann sie begreift." Stattdessen forderte er: „Wenn wir glauben könnten, das Gott selbst in der Heiligen Schrift mit uns spricht, dann würden wir auch eifrig darin lesen. Wir wären sicher, dass hier unser Lebensglück geschmiedet wird." Also machte er sich ans Werk. An sein „Meisterwerk".

Buchdruck

Dass Luthers Bibelübersetzung schon nach kurzer Zeit überall in Deutschland verbreitet war, verdankt sie einer grandiosen Erfindung, nämlich dem Buchdruck. Der war gerade mal 70 Jahre alt – und eine technische Revolution. Damit wir deren Bedeutung wirklich nachvollziehen können, eine kleine Erklärung: Bis 1450 musste jeder Text, den man ein weiteres Mal haben wollte, mühsam abgeschrieben werden. Per Hand. Schreiben Sie mal aus Spaß eine Bibel ab! Da sitzt man schon einige Monate dran. Kein Wunder, dass jedes Exemplar unendlich teuer war – selbst wenn sich die meisten Klöster riesige Schreibstuben leisteten, in denen Mönche Tag und Nacht Texte kopierten.

Mitte des 15. Jahrhunderts kam nun der Mainzer Patriziersohn Johannes Gensfleisch, genannt Gutenberg, auf die Idee, Druckformen aus beweglichen Bleilettern zu machen, die quasi auf Papier „gestempelt" wurden. Man setzte dabei den Text aus Einzelbuchstaben zusammen und konnte so in relativ kurzer Zeit Seiten für den „Druck" vorbereiten. Eine neue Legierung, die Gutenberg entwickelte, machte es nun möglich, sehr viele Exemplare zu drucken. Und das bedeutete zugleich: Erstmals war es möglich, ein Schriftstück in kurzer Zeit an viele verschiedene Orte zu bringen und somit zu verbreiten. Ein Meilenstein für die Kommunikation (→ *Was man über die Reformation wissen sollte*).

Es gibt bis heute Forscher, die davon ausgehen, dass die Reformation ohne den Buchdruck nicht stattgefunden hätte. Schließlich sorgten die Druckerpressen dafür, dass alle programmatischen Schriften Luthers in kurzer Zeit überall in Deutschland gelesen werden konnten und dass tatsächlich bald in vielen Haushalten eine Bibel lag. Erstmals in der Geschichte des Christentums hatte also eine größere Gruppe von Gläubigen die Möglichkeit, selbst zu überprüfen, was das Alte und das Neue Testament erzählen.

Luthers Verständnis

Der Reformator hatte am eigenen Leib erfahren, welche Kraft die Bibel besitzt: Sie kann von Ängsten befreien und den Weg in den Himmel zeigen. Bei dem verzweifelten Heilssucher war es jedenfalls so gewesen (→ *Was man über Luther wissen sollte*). Kein Wunder, dass ihn fortan nichts derart beschäftigte wie die Heilige Schrift. Und weil er zu oft erlebte, dass katholische Kirchenfürsten die Bibel so zurechtbogen, dass sie ihren eigenen Wünschen entsprach, prägte er den Grundsatz: „Die Heilige Schrift ist in sich zuverlässig, zugänglich und verständlich. Sie ist ihr eigener Ausleger."

Was heißt das? Luther lehnte es ab, dass jemand sich hinstellte und behauptete: „Dieser Absatz ist so und so zu verstehen. Ihr seid wohl zu blöd dafür! Ich erkläre euch mal, was gemeint ist." Nein, alles, was man über Gott und den Glauben wissen muss, steht in der Bibel drin. Sie ist keine geheimnisvolle Schrift für Eingeweihte, sondern Gottes klares Wort. Allerdings sah auch Luther, dass es in der Heiligen Schrift Widersprüche, Unklarheiten und missverständliche Stellen gibt. Woher sollte man da wissen, was wichtig oder unwichtig ist? Darauf hatte der Bibel-Professor eine berühmt gewordene Antwort. Er sagte nämlich: Es geht immer um das, „was Christum treibet". Sprich: Richtig und wegweisend ist in der Bibel alles, was die Botschaft von Jesus Christus in der Welt voranbringt. Das bedeutet beispielsweise: Es gibt zwar im Alten Testament einige Stellen, in denen Gott als wütender Richter dargestellt wird, doch die müssen immer mit den „Augen Jesu" gelesen werden, der von der Liebe Gottes predigt.

Martin Luther sah die Bibel zwar als Gottes Wort an, wäre aber nie auf die Idee gekommen, alles in ihr für gleich wichtig zu halten. Im Gegenteil: Er versuchte, Kriterien aufzustellen, die den Menschen helfen, das Wesentliche in den Schriften herauszufiltern.

Dem Volk aufs Maul schauen

Kaum war Luthers Übersetzung des Neuen Testaments auf dem Markt, da gab es erwartungsgemäß erboste Kritiker, die überall etwas zu bemängeln hatten. Viele Katholiken warfen dem Reformator zum Beispiel vor, dass er den Vers aus dem Römerbrief, der ihm das Leben gerettet hatte, so übersetzt hatte: „Der Mensch wird allein aus Glauben gerecht." Dabei steht im Originaltext das Wort „allein" (Lateinisch = „solus") überhaupt nicht. Sprich: Natürlich hat Luther bei seiner Übersetzung auch interpretiert. Oder sagen wir besser: erklärt.

Luther wehrte sich gegen diesen Vorwurf mit einem „Sendbrief vom Dolmetschen", in dem er genau erläuterte, was ihn bei seiner Übersetzung geleitet habe – nämlich die Verständlichkeit. Entscheidend war für ihn nicht, ob jedes Wort eins zu eins übersetzt ist, sondern ob der Sinn des Ursprungstextes verständlich wird. Dazu schreibt er: „Man muss nicht die Buchstaben in der lateinischen Sprache fragen, wie man Deutsch reden soll, wie manche Esel das tun; sondern die Mutter im Haus, die Kinder auf der Gasse, den einfachen Mann auf dem Markt. Denen muss man aufs Maul schauen und gucken, wie sie reden. Dann kann man etwas so übersetzen, dass sie es auch verstehen."

Wahrscheinlich war genau dieser Ansatz das Erfolgsgeheimnis von Luthers Übersetzung. Er versuchte, die biblischen Bilder und Zusammenhänge in die Sprache der Menschen seiner Zeit zu übertragen. Klar, prägnant, nachvollziehbar – und im Sinne Jesu. Darum fügt er an: „Für die Kunst des Dolmetschens braucht es ein ehrliches, frommes, treues, fleißiges, christliches, erfahrenes und geübtes Herz" (→ *Was man über Luther wissen sollte*).

Viele Übersetzungen

Für viele Christinnen und Christen ist die Lutherübersetzung der Bibel bis heute ein unübertroffenes Meisterwerk. Zu Recht. Zahllose von Martin Luthers Formulierungen sind wegen ihrer Sprachkraft als feste Redewendungen in die deutsche Sprache eingegangen. Etwa: „Sein Licht unter den Scheffel stellen", „Jemanden auf Händen tragen", „Die Spreu vom Weizen trennen", „Ein Herz und eine Seele sein", „Perlen vor die Säue werfen" oder „Wer suchet, der findet". Und das ist nur eine winzige Auswahl.

Trotzdem hatte Luther natürlich, als er den Menschen „aufs Maul schaute", Personen des 16. Jahrhunderts vor Augen. Und das bedeutet auch: Vieles in seiner Sprache erscheint uns heute altertümlich und gestelzt. Das kann man als besonderen Reiz ansehen – es wäre aber gar nicht im Sinne Luthers. Der würde eher fragen, ob heute überhaupt noch jemand weiß, was ein „Scheffel" ist. Und „Was hülfe es dem Menschen, wenn er die ganze Welt gewönne" klingt auch nicht gerade zeitgemäß. Deswegen hat es in jüngerer Zeit viele Neuübersetzungen gegeben, von denen einige auch in Gottesdiensten genutzt werden.

Konkret heißt das: Wer im Bibellesen ungeübt ist, tut sich wahrscheinlich einen Gefallen, wenn er nicht gleich mit Luthers Übersetzung beginnt (obwohl auch die mehrfach überarbeitet wurde), sondern sich eine „Gute Nachricht", eine „Hoffnung für alle" oder eine „Zürcher Bibel" besorgt. Sehr speziell und schon vom Ansatz her interpretierend sind die „Volxbibel" (in lässiger Jugendsprache) oder die „Bibel in gerechter Sprache", die bewusst versucht, alle maskulinen Elemente gendergerecht wiederzugeben.

Literarisches

Die Bibel besteht nicht nur aus verschiedenen Büchern, diese Bücher gehören auch ganz verschiedenen Gattungen an. So gibt es neben Geschichtserzählungen prophetische Bücher, Gesetzestexte, Lieder, Geschlechtsregister (= endlose Aufzählungen von Familienstammbäumen), Evangelien, Briefe, Spruchsammlungen und poetische Texte. Das heißt: Man kann beim Aufschlagen sowohl auf die erotischen Beschreibungen des „Hohelieds Salomos" stoßen, in dem Brüste, Schenkel und Liebeswonnen genussvoll umschrieben werden, aber auch auf knochentrockene Bauanleitungen für die „Bundeslade", eine große Kiste, in der anfangs die Tafeln mit den Zehn Geboten aufbewahrt wurden (→ *Zehn wichtige Geschichten aus dem Alten Testament*).

Nun muss ein Gesetzestext selbstverständlich anders übersetzt werden als ein Lied. Und hier hat Luther wirklich Großartiges geleistet. Zugleich wird aber deutlich, dass es nicht schaden kann, sich in der Bibel ein wenig auszukennen, bevor man sich ins Lesevergnügen stürzt. Denn sonst stürzt man schnell ab, weil man eben im 21. Jahrhundert doch nicht mehr so ganz genau wissen will, wie man 1.000 Jahre vor Christus mit verendeten Tieren umging. Sie haben Glück, denn Sie lesen ja gerade dieses Buch. Dadurch können Sie sich ein wenig vorbereiten.

Martin Luther betonte immer wieder, dass die Grundkenntnisse im Volk über den Glauben erschreckend gering seien. Andererseits sei es entscheidend, dass jeder sich über die Texte in der Bibel selbst eine Meinung bildet: „Liebe Christen! Lasst meine und aller Theologen Schriftauslegung nur ein Gerüst sein. Es kann und will ja nur dem Bau des wirklichen Gebäudes nützen – damit wir das unverhüllte, reine Gotteswort selbst erfassen, schmecken und dann auch dabei bleiben." Glaube ist etwas, das man persönlich entdecken und erfahren muss (→ *Martin Luthers Kleiner Katechismus*).

Fünf Missverständnisse beim Umgang mit der Bibel

Eines musste Martin Luther schon früh erfahren: Bei einem willkürlichen Umgang mit der Bibel lässt sich aus ihr so ziemlich alles herleiten. Vom Verbot von Blutwurst über die Erlaubnis der Vielehe bis zur Genehmigung, einen Nachbar zu meucheln, der am Feiertag grillt. Wer die Texte nur oberflächlich liest, der findet in der Bibel sogar die These, dass man länger lebt, wenn man sich übergeben muss. Ja, in den Psalmen heißt es doch: „Das Leben währt 70 Jahre, und wenn's hochkommt, sind es 80 Jahre." Es kommt also immer darauf an, wie man etwas verstehen will. Tatsache ist jedenfalls: Auch die Gegner des Reformators argumentierten mit Bibelstellen – nur war sich Luther ziemlich sicher, dass deren Zitate aus dem Zusammenhang gerissen seien und deshalb falsch und eigensüchtig interpretiert würden.

Traurigerweise ist im Lauf der letzten 2.000 Jahre so ziemlich jede menschliche Gemeinheit mit der Bibel begründet worden: vom Kreuzzug bis zum Völkermord und von der Hexenverfolgung bis zur Sklaverei. Sogar die Bibel selbst erzählt, wie leicht man sie missbrauchen kann: Als Jesus vierzig Tage in die Wüste zieht, um sich auf seine Zeit als Wanderprediger vorzubereiten, bekommt er nämlich Besuch vom Teufel. Und was macht der? Genau! Ein Bibelstündchen. Er zitiert einzelne Bibelstellen und will Jesus damit vom Weg abbringen. Jesus aber verweist immer nur auf die Größe Gottes, die wichtiger sei als einzelne Textstellen (vgl. *Matthäus 4,1–11*).

Umso bedeutender ist es, sich Luthers Leitsatz vor Augen zu führen: In der Bibel zählt das, „was Christum treibet" (➜ *Was man über die Bibel-Übersetzung wissen sollte*), das, was die Liebe Gottes voranbringt und sein Reich fördert. Wer Menschenverachtendes und Gottloses mit der Bibel begründet, ist bestimmt nicht von Gottes Geist erfüllt. Darum heißt es im 2. Korintherbrief (*3,6*) sehr deutlich: „Der Buchstabe tötet, aber der Geist macht lebendig." Im Folgenden finden Sie noch einige weitere Missverständnisse, die man beim Umgang mit der Bibel leider viel zu oft beobachtet.

„Das ist doch ewig her!"

Für viele Menschen ist die Bibel ein uraltes Geschichtsbuch, das historische Kamellen berichtet, die mit der Gegenwart eigentlich nichts mehr zu tun haben. Dazu kann man nur sagen: Stimmt, die Texte der Bibel sind 2.000 bis 3.000 Jahre alt. Allerdings sagt das noch nichts über ihre Aktualität aus. Und wer behauptet, Sätze wie „Die Liebe ist das Wichtigste im Leben" oder „Töte keinen Menschen" seien nicht mehr aktuell, der irrt nicht nur, der lebt auch sehr gefährlich. Beziehungsweise: Seine Umwelt tut es.

Die eigentliche Kraft der Bibel zeigt sich darin, dass sie zeitlose Themen anspricht und deutlich macht, wie man aus einer Perspektive des Glaubens damit umgehen kann. Ja, mehr noch: Die Postmoderne entdeckt gerade ganz neu, dass nicht nur das wichtig und wahr ist, was sich beweisen lässt. Darüber ist man hinaus. Gott sei Dank! Inzwischen fragen Menschen wieder vermehrt: Was ist mit all den existenziellen Herausforderungen meines Daseins, die sich eben nicht messen und mit Logik beschreiben lassen? Wer bin ich? Und wofür lebe ich (→ *Vorwort*)? Und selbst kritisch Suchende stellen erstaunt fest, dass die Bibel Antworten hat.

Aber zugegeben: Natürlich spielen die biblischen Geschichten in einer anderen Zeit. Lessing sprach deshalb von einem „garstigen Graben der Vergangenheit", der uns von ihnen trennt. Anders als die Menschen zu Jesu Zeiten müssen wir heute versuchen nachzuempfinden, was die Zuhörer damals gedacht, gefühlt, geglaubt und erlebt haben. Und manche der im Alten Testament erwähnten rituellen Gebote ergeben für uns absolut keinen Sinn mehr. Aber wer es wagt, den Sinn der Texte zu ergründen, wird bald erleben, dass sie vor allem eines sind: nämlich tief menschlich. Und göttlich. Richtig gut eben.

„Das ist ein wissenschaftlicher Bericht!"

Während die einen so tun, als wäre die Bibel ein altes Geschichtenbuch, sehen andere in ihr zuallererst einen wissenschaftlichen Bericht. So, als wollte beispielsweise das Alte Testament einen Tatsachenbericht von der Schöpfung der Erde geben, so etwas wie einen akademischen Beitrag zur Entstehung von Fauna und Flora. Ja, viele fundamentalistische Anhänger dieses Verständnisses fordern sogar, dass an den Schulen statt der Evolutionstheorie von Darwin wieder die biblische „Schöpfungslehre" behandelt wird.

Das Tragische ist, dass der Bibel mit so einem Ansatz ein Bärendienst erwiesen wird. Anstatt einen Text wie die Schöpfungsgeschichte mit seiner einzigartigen und poetischen Kraft wirken zu lassen, entwertet man ihn zu einem Abschnitt im Biologiebuch. Das, was er eigentlich sagen will – nämlich dass Gott die Welt aus Liebe geschaffen hat und dass der Mensch gewollt und geliebt ist –, verschwindet dann unter der Frage nach dem rechten Verständnis von Zeiträumen (Wurde die Welt tatsächlich in sechs Tagen geschaffen?) und Abläufen (War der Mensch sofort da oder hat er sich aus anderen Arten entwickelt?). Das sind aber moderne Fragen der Forschung, die die Bibel überhaupt nicht interessieren (→ *Zehn wichtige Geschichten aus dem Alten Testament*).

Dennoch ist der Kampf derjenigen, die die Bibel als „wissenschaftlichen Bericht" lesen, zumindest nachvollziehbar. Sie haben Angst, irgendetwas von den heiligen Berichten als symbolisch preiszugeben, weil sie befürchten, dass dann ihr ganzes Glaubensgebäude zusammenbricht. Eine solche Angst ist jedoch eher erschreckend. Denn wenn der Glaube eines Menschen daran hängt, dass die Welt in sechs Tagen geschaffen wurde, dann ist er ziemlich schwach.

„Das ist wortwörtlich so gemeint!"

Hinter der Behauptung, die Bibel sei wortwörtlich gemeint, verbirgt sich die Vorstellung, jedes Wort darin sei von Gott persönlich geschrieben oder zumindest diktiert worden. Sprich: Er hat sich zwar einiger Menschen als Sprachrohr bedient, letztlich ist das aber alles sein heiliges, unantastbares Wort. Dieser Gedanke lässt sich bis in die Bibel selbst zurückverfolgen. Da heißt es nämlich an einer Stelle: „Alle Schrift von Gott eingegeben ist nützlich zur Lehre und zur Erziehung in der Gerechtigkeit" (*2. Timotheus 3,16*). Ein ausgefeiltes System der „Verbalinspiration" (also die Lehre von der göttlichen Inspiration aller Texte) entstand aber erst Anfang des 17. Jahrhunderts. Denn nun fing man an sich zu fragen, ob die Bibel geradewegs „vom Himmel gefallen" war oder ob an ihrer Entstehung auch Menschen beteiligt waren.

Das Problem bei der Verbalinspiration ist, dass sie oft als Schutzpanzer gegenüber der „historisch-kritischen Forschung" dienen soll –

also gegenüber einer wissenschaftlichen Auseinandersetzung mit der Bibel, die nach den Hintergründen, Ursprüngen und geschichtlichen Zusammenhängen der Texte fragt. Um genau zu sein: Tatsächlich haben viele Forscher im Lauf des 19. und 20. Jahrhunderts versucht, die biblischen Texte auf ihre allzu menschlichen Anteile zu reduzieren. Doch die Verbalinspiration fällt auf der anderen Seite vom Pferd: Sie muss krampfhaft versuchen, die offensichtlich vorhandenen Widersprüche, Doppelungen und Ungereimtheiten in den biblischen Texten wegzudiskutieren – weil Gott ja keine Fehler machen darf. Und es auch gar nicht kann.

Die Wahrheit liegt – wie so oft – in der Mitte. Einerseits lässt sich bei vielen Texten zeigen, unter welchen Bedingungen sie entstanden sind. Und weil jeder Schreiber die Welt ein wenig anders wahrnahm, gibt es in den biblischen Büchern eben auch Aussagen über Gott und den Glauben, die einander widersprechen. Gleichzeitig gilt: Alle Autoren der Bibel haben ihre Texte verfasst, weil sie etwas mit Gott erlebt hatten und andere an diesen wunderbaren Erfahrungen teilhaben lassen wollen. Die Bibel ist getränkt mit der Gegenwart Gottes, weil die Autoren sich von ihm inspiriert fühlten. Nebenbei sei noch eines bemerkt: Die Bibel behauptet gar nicht, dass sie von Gott persönlich geschrieben worden sei. Ihr ist etwas ganz anderes wichtig: „Das Wort wurde Fleisch!" Sprich: Die ganze Wahrheit über Gott kann nur Jesus selbst vermitteln. Er ist die zentrale Botschaft Gottes.

„Das ist alles gleich wichtig!"

Wer Gott für den Autor der Bibel hält, kann gar nicht anders, als alle Stellen für gleich wichtig zu halten. Das aber wirft schwerwiegende Probleme auf: Ist ein Satz wie „Bringt mir meinen Mantel mit, den ich vergessen habe" genauso wichtig wie „Zur Freiheit sind wir befreit"? Oder kann man das Gebot „Du sollst Gott von ganzem Herzen lieben und deinen Nächsten wie dich selbst" wirklich vergleichen mit „Wenn das Heer loszieht, soll Aaron den Vorhang abnehmen"? All das steht in der Bibel.

Die Gefahr des Satzes „Alles ist gleich wichtig" besteht vor allem darin, dass man ihn gar nicht durchhalten kann. Natürlich ist auch jede noch so fundamentalistische Gruppierung gezwungen, innerhalb der Bibel zu werten. Ob sie sich das eingesteht oder nicht. Ein Beispiel: Selbst in den frömmsten Kreisen Europas muss ein Mann heute nicht mehr die Frau seines verstorbenen Bruders heiraten, damit sie versorgt ist. Obwohl dieser Brauch zu Jesu Zeiten noch gepflegt und von der Bibel anerkannt wurde. Das heißt: Jeder, der die Bibel aufschlägt, wertet und liest sie mit den Augen seiner Zeit. Das ist auch gar nicht verwerflich. Nur sollte man das zugeben können. Entscheidend ist, dass wir gute Kriterien haben, nach denen wir werten. Und das Beste ist, wenn diese Kriterien selbst biblisch sind.

Einen guten Ansatz liefert der Apostel Paulus, der im ersten Brief an die Thessalonicher (5,21) schreibt: „Prüft alles – und das Gute behaltet." Glauben ist ein lebendiger Prozess, kein Buchstabengehorsam. Das heißt: Jeder Mensch ist aufgefordert, in seinem Leben auszuprobieren, was ihm und der Welt Heil bringt und was nicht. Das entscheidende Qualitätsmerkmal der Bibel ist dabei klar benannt: die Liebe. Und wenn wirklich mal etwas völlig schiefgeht, gibt es zum Glück die Gnade Gottes. Denn wenn wir nichts falsch machen würden, wäre die ja überflüssig (→ *Was man über Gnade wissen sollte*).

„Das ist viel zu absolut!"

In Zeiten zunehmender Globalisierung wächst auch die Sehnsucht vieler Menschen, sich von Absolutheitsansprüchen zu lösen. Was macht man da mit einem Buch, in dem Jesus Christus von sich sagt, er sei der Sohn Gottes, und in dem er „uncoole" Sprüche ablässt wie: „Ich bin der

Weg, die Wahrheit und das Leben. Zum Vater kommt man nur durch mich" (*Johannes 14,6*)? Ist das nicht eine politisch inkorrekte und intolerante Aussage, die alle anderen Religionen beleidigt?

Wichtig ist, dass man bei solchen Fragen die Ebenen trennt. Für einen Glaubenden ist ein Absolutheitsanspruch erst einmal nichts Verwerfliches. Er hat etwas für sich als richtig erkannt. So wie ein Forscher, dessen Berechnungen und empirische Studien „2 + 2 = 4" ergeben, auch nicht sagen würde: „Ich denke, 4 ist richtig, es könnte aber auch 7 oder 3,14 oder 9 stimmen." Das wäre absurd. Was durch ein Leben trägt, sind nicht Wahrscheinlichkeiten, sondern Gewissheiten.

Gleichzeitig gilt: Ein Mensch, der sich seines Glaubens gewiss ist, wird mit Andersdenkenden immer tolerant umgehen. Er kann von den eigenen Überzeugungen schwärmen, aber er wird nicht versuchen, dem anderen dessen Ideale einfach abzusprechen. So wie auch interkonfessionelle und interreligiöse Gespräche nur dann sinnvoll sind, wenn jeder einen klaren Standpunkt hat, von dem aus er ins Gespräch kommen kann. Und wenn ein Christ von einer anderen Religion etwas über die Liebe Gottes lernt, das ihm bislang verborgen war, kann das auf keinen Fall schaden. Es wird ihn aber auch nicht von seinem eigenen Glauben abbringen. Insofern sind ökumenische Gespräche selbstverständlich sinnvoll. Und dann ist es auch gut, wenn man weiß, was eigentlich in der Bibel drinsteht. Wie man das erfährt, beschreibt das nächste Kapitel.

Was man über das Bibellesen wissen sollte

Die meisten Menschen haben eine Bibel im Regal stehen. Das heißt aber nicht, dass sie da regelmäßig hineinschauen. Schade eigentlich. Denn die Lektüre der Bibel kann das Leben verändern – wie wir bei Martin Luther sehr eindrucksvoll sehen konnten (→ *Was man über*

Luther wissen sollte). Der war jahrelang voller Angst, dann schaute er in die Bibel und fühlte sich auf einmal frei und erlöst. Warum? Ganz einfach: weil die Bibel randvoll ist mit weisen und existenziell wichtigen Gedanken und weil sie Geschichten von Menschen erzählt, in deren Leben Gott etwas verändert hat. Sie berichtet also aus der Praxis für die Praxis. Und mit diesem Anspruch darf man auch an sie herangehen (→ *Fünf Missverständnisse beim Umgang mit der Bibel*).

Verständlicherweise fällt es vielen Menschen schwer, die Bibel einfach mal so von vorne nach hinten durchzulesen. Das ist wahrscheinlich auch gar nicht sinnvoll. Denn dann behandelt man sie wie einen Roman, der eben irgendwann zu Ende ist. Besser ist es, die Bibel als Wegbegleiter zu verstehen, der immer wieder Inspirationen und Lebenshilfe gibt und Türen zu Gott öffnet.

In vielen christlichen Kreisen wird empfohlen, jeden Tag einen kurzen Abschnitt zu lesen und sich jeweils im Anschluss darüber Gedanken zu machen: Was steht da eigentlich? Was hat das mit mir zu tun? Und hätte es irgendwelche Konsequenzen, wenn ich das wirklich ernst nehmen würde? Mein Tipp: Probieren Sie es aus!

Auswahl

Aufgrund der so unterschiedlichen Textgattungen in der Bibel stellt sich natürlich die Frage, wo man anfangen soll. Antwort: zum Beispiel mit dem Johannesevangelium. Das erzählt in literarischer Form das Leben Jesu nach und macht sich zugleich Gedanken, wie man all das verstehen kann und was es für den Einzelnen bedeutet. Und da Luther – wie schon gesagt – der festen Überzeugung war, man müsse die gesamte Bibel danach fragen, was „Christum treibet", ist es ja sinnvoll, sich erst einmal mit der Botschaft Jesu zu beschäftigen.

Im Anschluss kann man dann ein wenig in den Psalmen stöbern, dieser großen Gedicht- und Liedersammlung des Alten Testaments, in deren Worten sich eigentlich alle menschlichen Höhen und Tiefen wiederfinden. Da wird gejubelt, gejammert, geflucht, gebangt, geträumt und getanzt. 150 Texte, die schon deshalb guttun, weil sie zeigen, wie unterschiedlich und wie persönlich man beten kann.

Im dritten Schritt lohnt sich ein Blick in das Buch „Genesis", das auch „1. Buch Mose" heißt. Darin finden sich viele der berühmten Geschichten, die später in der Literatur liebend gern nacherzählt, übernommen oder weitergesponnen wurden: die Paradiesgeschichte, die Arche Noah, der Turmbau zu Babel und vieles mehr (→ *Zehn wichtige Geschichten aus dem Alten Testament*). Wenn man das geschafft hat, dann ist man auch reif für die übrigen Bücher.

Losungen

Wer sich schwer damit tut, gleich ganze Abschnitte in der Bibel zu lesen, der kann auch mit einem „Losungsbuch" anfangen. Die Losungen (= „Geleitworte"; nicht „Tierexkremente") sind ein heimlicher Bestseller in Deutschland, weil sie jedes Jahr mehr als eine Million Mal verkauft werden. In diesem Büchlein findet man für jeden Tag des Jahres einen oder mehrere Verse aus dem Alten und dem Neuen Testament sowie eine dazu passende Liedstrophe oder ein Gebet. Eine gute Möglichkeit also, sich mit der Bibel vertraut zu machen.

Zusammengestellt werden die Losungen von der Herrnhuter Brüdergemeine, einer evangelischen Freikirche. Ihr Leiter, der Graf von Zinzendorf, gab angeblich am 3. Mai 1728 erstmals eine „Losung" für den kommenden Tag aus. Seit 1731 erscheinen die Losungen regelmäßig. Inzwischen sogar in etwa fünfzig Sprachen, so dass die Idee des täglichen biblischen Impulses tatsächlich weltweit aufgenommen wird.

Jedem Tag einen biblischen Gedanken als Motto voranzustellen, bewährt sich auch deshalb, weil die Lektüre nur wenige Sekunden kostet, die darin enthaltenen Gedanken einen aber möglicherweise viele Stunden begleiten. Zumindest machen viele Menschen die Erfahrung, dass sie mit Hilfe der Losungen gut in Kontakt mit der Bibel kamen und später auch Lust hatten, sich in die größeren Zusammenhänge einzulesen.

Reihen

Für mutige Neueinsteiger gibt es darüber hinaus im Buchhandel zahlreiche „Bibellesen". Sie helfen, die eigene Auseinandersetzung mit der Bibel zu strukturieren, indem sie einerseits Lese-Reihen vorschlagen, mit deren Hilfe man im Lauf einer bestimmten Zeit die zentralen Stellen der Bibel kennenlernt. Andererseits erklären sie kurz die Hintergründe der Texte, so dass man sich besser hineindenken kann.

Natürlich findet man auch Kommentare, die solche Lese-Reihen nicht nur erläutern, sondern den Leser zugleich anregen, das Gelesene auf das eigene Leben zu übertragen. Dabei entdeckt man glücklicherweise bald, dass die Menschen zu Jesu Zeiten im Wesentlichen die gleichen Fragen, Sorgen und Nöte hatten wie wir.

Auch die Predigten in den evangelischen Kirchen folgen einer Reihe, der sogenannten „Perikopen-Ordnung". Diese Ordnung ist so aufgebaut, dass im Lauf von sechs Jahren die wichtigsten Texte aus dem Alten und dem Neuen Testament vorkommen (→ *Was man über die Liturgie wissen sollte*). Dann beginnt das Ganze wieder von vorne. Kritiker bemängeln allerdings, dass in der gültigen Perikopen-Ordnung viele wichtige Texte fehlen. Sie fänden es besser, die der Predigt zugrundeliegenden Texte danach auszusuchen, welche Fragen die Menschen heutzutage tatsächlich haben.

Arbeiten

Alle erfahrenen Bibelleserinnen und -leser sind sich einig: Die Bibel darf man nicht einfach nur lesen, man sollte mit ihr „arbeiten". Das heißt: Die Texte fangen dann an zu leben, wenn man sie nicht nur als historische Quellen, sondern als „mit Gottes Geist erfüllte" Einladungen versteht. Eine Einladung macht aber nur dann Sinn, wenn man auf sie reagiert. Na klar: Wer eine Einladung bekommt und den Text dann so liest, als ginge es da um eine Kurzgeschichte, die man anschließend ins Regal stellt, der verpasst das Beste. Nämlich das Fest. Weil er nicht hingeht.

Was heißt das konkret? Die Auseinandersetzung mit der Bibel ist immer auch eine Auseinandersetzung mit dem eigenen Leben. Es geht darum, sich auf die Inhalte einzulassen und sie umzusetzen. So wie man vom Lesen von Diätbeschreibungen niemals dünn wird, so kommt man auch vom reinen Lesen von Bibeltexten Gott nicht näher. Wenn man aber erkennt, welches Veränderungspotenzial in der Bibel steckt, wird man auch Lust haben, die Veränderungen selbst zu wagen.

Vielen Menschen hilft es in diesem Zusammenhang, ansprechende Passagen in der Bibel ungehemmt anzustreichen, zentrale Verse auswendig zu lernen oder sich regelmäßig mit anderen Menschen darüber auszutauschen. So gibt es in vielen Gemeinden Hauskreise oder Bibelgruppen, in denen gemeinsam nach der Bedeutung von biblischen Texten gefragt wird.

Überraschen lassen

Martin Luther war der festen Überzeugung, dass die Bibel ein Buch des Lebens ist. Ein Buch, von dem man sich täglich neu überraschen lassen kann. Weil die Bibel den Schlüssel für das Verständnis unserer

Welt liefert. Das mag großspurig klingen, aber jemand, der die Erde als Gottes geliebte Schöpfung ansieht, nimmt sie anders wahr als jemand, dem es gleichgültig ist, woher sie kommt und was aus ihr wird.

Wer die Bibel liest, der wird hellhörig und weitsichtig für Gott, weil er vieles, was andere für Zufall halten, auf einmal als sinnvolles Wirken Gottes erkennen kann. Sprich: Die Weltanschauung eines Bibellesers verändert sich. Er fängt an, seinen Alltag mit Gottes Augen wahrzunehmen. Und das heißt zugleich: Er läuft nicht mehr ziel- und orientierungslos umher, sondern empfindet sich als Teil von Gottes großer Geschichte mit dieser Welt.

Luther selbst hat diese Erfahrung einmal so beschrieben: „Unser alltägliches Leben und die ganze Natur – alles ist voll Bibel. Da predigt Gott nicht nur durch sein Wunderwerken. Da klopft er uns an die Augen und rüttelt unsere Sinne wach. Er macht uns das Leben hell. Wenn wir's denn wollen."

Sieben seltsame Gebote aus dem Alten Testament

Viele Menschen haben bis heute ein Gottesbild, in dem Gott vor allem der strenge Richter, der mahnende Beobachter und der Züchtiger unmoralischer Verhaltensweisen ist. Das liegt unter anderem daran, dass sich im Alten Testament zahllose Anweisungen für ein anständiges Leben finden. Am bekanntesten sind dabei sicher die Zehn Gebote, die Mose auf dem Sinai von Gott überreicht bekam (→ *Die Zehn Gebote*). Neben diesen Grundgeboten finden sich aber ganze Gesetzesbücher, die von der Kleidung der Priester bis zum Umgang mit in Löcher gefallenen Ochsen so ziemlich alles regeln, was das Herz nicht begehren soll.

Traurig ist, dass solche Gebote lange Zeit als Erziehungsmaßnahmen missbraucht wurden – ja, man suggerierte den Menschen, wahrer Glaube bestünde im Einhalten all dieser Gebote. Ein fundamentaler Irrtum, weil Jesus immer wieder betont, dass die Gebote für den Menschen da sein sollen. Sie sollen Leben fördern, nicht einschränken. Und wer ernsthaft glaubt, Gott wolle roboterhafte Menschen, die stumm und fraglos seine Gebote einhalten, der hat von Liebe überhaupt nichts begriffen (➜ *Was man über Gnade wissen sollte*).

Gebote wollen Lebenshilfen sein. Und viele der Gebote im Alten Testament sind zudem in eine bestimmte Situation hineingeschrieben. Man kann sie nicht einfach in eine andere Kultur übertragen. Das wäre so, als nähme jemand eines dieser Schilder aus alten Eisenbahnzügen „Bitte nicht am Türgriff festhalten" und machte daraus ein für alle Zeiten geltendes Klinkenberührungsverbot. Dann könnte niemand mehr eine Tür öffnen. Ziemlich blöd, oder? Manche der überlieferten Gebote erscheinen heute ähnlich befremdlich. Hier einige ganz besonders seltsame Aufforderungen:

„Ihr sollt weder eure Haare abschneiden noch euren Bart stutzen."
(3. Mose 19,27)
Es gibt strenge Glaubensrichtungen, die sich bis heute daran halten. Gerade bei Frauen mit Damenbart freue ich mich aber, dass Protestanten hier inzwischen differenzierter denken.

„Wer am Sabbat arbeitet, der soll getötet werden." *(2. Mose 35,2)*
Für Pfarrer ein ziemlich problematisches Gebot. Als Mahnung deshalb ein bisschen rabiat, vom Ansatz her aber schon sinnvoll.

„Man darf mit keiner Frau in Kontakt treten, die ihre Tage hat."
(3. Mose 15,19)
Das ist heutzutage nicht mehr so leicht zu erkennen. Und nachfragen wirkt meist peinlich. Schön, dass wir die Reinheitsgebote im 21. Jahrhundert anders verstehen.

„Verkauft jemand seine Tochter als Sklavin, so darf sie nicht freigelassen werden." (2. Mose 21,7)

Nicht das Freilassen ist das Problem, sondern die Erlaubnis, seine Tochter zu verkaufen. Meine jedenfalls hat das Preisschild immer wieder abgerissen.

„Dem Altar Gottes darf man sich nicht mit beschädigten Hoden nähern." (3. Mose 21,20)

Ich bin neugierig, wie das in ultrafrommen Kreisen kontrolliert wird.

Zehn wichtige Geschichten aus dem Alten Testament

Das Alte Testament erzählt die Geschichte des Volkes Israel von der Schöpfung des Menschen bis zur Zerstörung des Reiches Israel und der Verschleppung der jüdischen Oberschicht nach Babylonien. Harte Zeiten! Im Jahr 538 vor Christus wird den übrig gebliebenen Israeliten zwar gestattet, nach Jerusalem zurückzukehren, doch ihr Land bleibt besetzt – zuletzt von den Römern, die im Jahr 63 vor Christus Palästina erobern.

Die Autoren des Alten Testamentes setzen die Geschichte ihres Volkes konsequent zu Gott in Beziehung. Ja, das Volk bekommt seine eigentliche Identität überhaupt erst dadurch, dass es sich von Gott erwählt weiß. Auch wenn es dieser Erwählung nach eigenem Empfinden nicht gerecht wird. So dreht sich in den alttestamentlichen Büchern alles um den Wunsch Gottes, seinem Volk nahe zu sein, und um dessen launenhafte Abkehr vom guten Weg. Dabei zeigt sich Gott bisweilen eifersüchtig und wütend, es überwiegt aber seine überirdische Sehnsucht nach seinen Geschöpfen, die sich in Gnade und Liebe ausdrückt.

Natürlich können die zehn hier ausgewählten Geschichten nur einen ersten Überblick über die Vielzahl der theologischen und spirituellen Motive dieser jahrtausendealten Erzählungen geben. Es ist aber kein Zufall, dass sie alle zur Weltliteratur gezählt werden: Sie berichten von existenziellen Erfahrungen aller Menschen und werden bis heute als Grundmuster lebensnaher und weltverändernder Ideen von Künstlern aller Richtungen weiterverarbeitet, neu interpretiert und in unzähligen Varianten ausgestaltet.

Adam und Eva

Am Anfang erschafft Gott den Himmel und die Erde. Dann in schneller Folge das Licht, die Kontinente, die Pflanzen, die Gestirne, die Vögel, die Meeresbewohner und die Säugetiere. Jetzt fehlt dem Schöpfer nur noch eines zu seinem Glück: der Mensch. Voilà! Er kreiert aus Liebe Adam und Eva, ein hübsches Paar, das im wahrsten Sinne des Wortes im Paradies leben darf. Dort hat es alle Freiheiten – nur ein Baum ist aus pädagogischen Gründen für die beiden tabu. Der Baum der Erkenntnis. Die beiden sollen zeigen, dass sie Gottes Macht anerkennen.

Es kommt, wie es kommen muss: Adam und Eva können der Versuchung nicht widerstehen, kosten von den Früchten des verbotenen Baumes und werden wegen ihres Ungehorsams aus dem Paradies hinausgeworfen. Seither müssen ihre Nachkommen (sprich: wir) als Selbstversorger schuften.

Die Geschichte erzählt in gleichnishafter Form, dass Gott der Ursprung allen Lebens ist, dass die Menschen gewollt und geliebt sind und dass sie durch ihre Unbeherrschtheit die Trennung von Gott selbst verschuldet haben (*1. Mose 1–3*).

Kain und Abel

Die Söhne von Adam und Eva heißen Kain und Abel. Beide versuchen, Gott mit den Früchten ihrer Arbeit zu erfreuen. Kain ist Bauer und bringt Gemüse mit, Abel ist Hirte und präsentiert seine Tiere. Und aus irgendeinem Grund freut sich Gott über Abels Geschenke, während er die von Kain schroff ablehnt.

Daraufhin wird der ältere Sohn so wütend, dass er nur noch grimmig umherläuft. Gott will mit Kain ins Gespräch kommen und ihm erklären, dass die versagte Anerkennung ja nichts an seiner Lebensqualität ändere. Doch der enttäuschte Kain verliert die Beherrschung und tötet Abel. Daraufhin muss er das Land verlassen, wird aber von Gott mit einem Schutz versehen (dem Kainszeichen), damit ihm niemand schaden kann.

Die Geschichte zeigt, wie Neid, Missgunst und der Hang, sich mit anderen zu vergleichen, zur Quelle von Mord und Totschlag werden. Schon zu Beginn der Menschheitsgeschichte betont die Bibel also, dass uns Aggression im Blut liegt und wir dagegen angehen müssen (*1. Mose 4*).

Die Arche Noah

Weil die Menschen sich immer weniger um die Ideale ihres Schöpfers kümmern, beschließt Gott, bei der Schöpfung die Reset-Taste zu drücken. Er will noch einmal ganz von vorne anfangen. Technisch soll das durch eine große Überschwemmung geklärt werden. Allerdings gibt es immerhin eine anständige Familie auf der Welt, nämlich die des Patriarchen Noah.

Noah bekommt deshalb den Auftrag, ein riesiges Schiff (die Arche) zu bauen, von jeder Tiergattung ein Pärchen einzuladen und außerdem seine engsten Verwandten mitzunehmen. Tatsächlich kommt wenig später die angekündigte Flut, und nur die ausgewählten Bewohner der Arche überleben. Gott beschließt jedoch, in Zukunft von solchen drakonischen Maßnahmen abzusehen, und stellt den Regenbogen als Zeichen der Versöhnung von Himmel und Erde über die Welt.

Die Geschichte von der Sintflut wird in den Mythen mehrerer Völker erzählt. Sie erklärt, wie sehr Gott sich über das lieblose Verhalten der Menschen ärgert, und dass er ihnen trotzdem immer wieder die Chance geben will, sich ihm zuzuwenden (*1. Mose 7–9*).

Der Turmbau zu Babel

Als immer mehr Menschen im Vorderen Orient von Nomaden zu Siedlern werden und anfangen, befestigte Städte zu bauen, nehmen sich die Einwohner Babels vor, einen gigantischen Turm zu errichten, der bis in den Himmel reichen soll. Damit wollen sie berühmt und mächtig werden. Kein toller Plan.

Als Gott den Größenwahn der Babelesen bemerkt, kommt er persönlich auf die Erde, um sich das Projekt anzuschauen. Er wundert sich über die unschöne Einmütigkeit der Bauherren und bedient sich dann eines ziemlich guten Tricks: Er verwirrt die Sprache der Menschen. So, dass jede Person plötzlich eine andere Sprache spricht und keiner mehr den anderen versteht. Natürlich lässt sich das Bauvorhaben bei so viel Chaos nicht verwirklichen und die Menschen zerstreuen sich über die ganze Welt.

Die Geschichte will – wieder gleichnishaft – darstellen, wie es zur Entstehung der Völker und der vielen verschiedenen Sprachen kam. Außerdem verweist sie auf eines der großen Grundprobleme der Menschen: Sie wären so gerne wie Gott (*1. Mose 11*).

Die Berufung Abrahams

Abraham lebt im Zweistromland in einer Stadt namens Haran. Bis Gott eines Tages zu ihm sagt: „Mache dich auf, verlass deine Heimat und deine Verwandten und geh in ein Land, dass ich dir zeigen werde." Eine genaue Zielangabe kann man das nicht gerade nennen.

Und gerade deshalb wird der Aufbruch zu einem echten Schritt des Glaubens für Abraham. Zudem ist er schon ziemlich alt – und auch traurig, weil er und seine Frau kinderlos geblieben sind.

Gott aber verbindet seinen Auftrag mit einer unfassbaren Prophezeiung: „Du wirst mehr Nachkommen haben als Sand am Meer und Sterne am Himmel." Sprich: Das mit den Kindern wird schon noch. So recht fassen kann Abraham das alles nicht, macht sich aber gehorsam auf den Weg – und wird als über neunzigjähriger Greis noch einmal Vater. Und zwar nicht irgendeiner, sondern der Gründervater des Volkes Israel.

Die Geschichte verbindet eine Berufung, sprich: eine persönliche Ansprache Gottes, mit der Gründergeschichte der Gemeinschaft. Dieses Volk ist also von Anfang an mit Gott im Bunde und lebt von der Verheißung (*1. Mose 12–17*).

Der Auszug aus Ägypten

Weil ein junger Israelit namens Josef nach Ägypten verkauft wird und wenig später seine Familie nachkommt, leben um 1200 vor Christus viele Israeliten am Nil. Sie werden dort allerdings als Sklaven gehalten und müssen niedere Dienste verrichten. Das ärgert Gott so sehr, dass er einen am ägyptischen Hof aufgewachsenen und jetzt als Viehhirte arbeitenden Mann namens Mose beauftragt, sein Volk in die Freiheit zu führen.

Der Pharao hat keine Lust, auf die billigen Arbeitskräfte zu verzichten. Doch als Gott das Land mit einer Reihe ziemlich ekliger Plagen überzieht, besinnt sich der Herrscher eines Besseren und lässt die Israeliten ziehen. Schon wenige Stunden später bereut er diesen Entschluss und bricht mit seiner Armee auf, um die nützlichen Sklaven wieder einzufangen. Zum Glück bekommt Mose von Gott die Macht, das Rote Meer zu teilen, so dass sein Volk hindurchziehen kann. Über den ägyptischen Soldaten stürzen die Wellen jedoch zusammen. Die Flüchtlinge sind frei.

Die Geschichte gehört zu den theologisch bedeutendsten Erzählungen des Alten Testamentes, weil sie vor Augen führt, dass Gott die Menschen von jeher aus einengenden Strukturen herausführen möchte: Glaube befreit (*2. Mose 1–14*).

David und Goliath

Das Heer Israels wird um 1000 vor Christus von den Philistern herausgefordert. Und allen voran steht ein Riese von Mann namens Goliath, der bereit ist, den Zwist durch einen kleinen Zweikampf zu klären. Nun hat aber keiner der israelitischen Soldaten gesteigertes Interesse daran, gegen so einen gefährlichen Hünen anzutreten. Und Saul, der erste König des Volkes Israel, ist schon ziemlich alt.

Da erklärt sich ein eher schmächtiger Junge namens David bereit, den Kampf aufzunehmen, obwohl dieser Bursche eigentlich nur seinen Brüdern ein paar Butterstullen ins Heerlager bringen wollte. Aus irgendeinem Grund lassen sich die Israeliten darauf ein – und der Showdown beginnt. Goliath lacht sich über das vermeintliche „Kampf-Würstchen" halb tot. Wenig später ist er es aber ganz, denn David erweist sich als geschickter Steine-Schleuderer, der den Riesen mit einem einzigen Schuss zur Strecke bringt. Ein Grund, ihn zum König zu krönen.

Die Geschichte bringt ein wesentliches Motiv des christlichen Glaubens in die Geschichte ein: Gott hat völlig andere Vorstellungen von Macht und Größe als wir. Nicht den protzigen und selbstgewissen Menschen gilt seine Fürsorge, sondern den scheinbar Schwachen (*1. Samuel 17*).

Das Urteil Salomos

Salomo ist der Sohn und Nachfolger Davids. Ein Friedenskönig, der viel Zeit und Energie investiert, um den von seinem Vater geplanten Tempel für Gott endlich zu bauen. Eines Tages nun soll Salomo als oberster Richter des Landes über einen bizarren Rechtsstreit entscheiden. Zwei Prostituierte, die beide ein Kind geboren haben, entdecken eines Morgens, dass eines der Kinder in der Nacht gestorben ist. Nun behaupten beide, das überlebende sei das ihre.

Salomo fällt das berühmte „Salomonische Urteil": „Schneidet das Kind in der Mitte durch und gebt jeder Frau die Hälfte." Während die eine Frau einwilligt, schreit die andere auf: „Lieber soll sie den Jungen haben, als dass er stirbt." Dadurch erweist sie sich als die richtige Mutter und bekommt das Kind.

Die Geschichte will die sprichwörtlich gewordene Weisheit Salomos herausstellen, weil Glaube lebensklug machen soll. Weisheit bezieht sich dabei allerdings nicht nur auf allgemeines Wissen, sondern auf die Fähigkeit, das eigene Leben zu Gott in Bezug zu setzen (*1. Könige 3*).

Der Kampf Elias

Elia ist einer der Propheten, die zwischen dem 9. und dem 6. Jahrhundert vor Christus die Menschen regelmäßig daran erinnern, dass es einen Gott gibt, der mit ihnen kommunizieren will. Die Israeliten neigen aber längst dazu, sich ihre Erfolge auf die eigenen Fahnen zu schreiben und ihre Beziehung zum Himmel zu vernachlässigen. Das geht so weit, dass durch die haremserweiternden Heiraten der Herrschenden immer mehr fremde Religionen in Israel Fuß fassen. Eine davon ist der Baals-Glaube.

Elia nervt das so sehr, dass er 450 Priester des Baal zu einem denkwürdigen Duell herausfordert. Beide Seiten sollen einen Holzstoß errichten und dann ihren jeweiligen Gott bitten, vom Himmel ein Feuer zu schleudern. Die Baals-Anhänger beginnen, doch trotz allen Rufens und Flehens passiert nichts. Darauf erschwert Elia die Bedingungen noch und schüttet eimerweise Wasser auf seinen Stoß. Als er schließlich um Gottes Feuer bittet, macht es gewaltig zusch und das triefende Ding steht in Flammen.

Die Geschichte spiegelt eine Zeit wider, in der Menschen sich zwischen verschiedenen religiösen Angeboten entscheiden mussten. Die biblischen Autoren sind dabei der Überzeugung, dass der Gott, an den sie glauben, mächtiger ist als alle Konkurrenten (*1. Könige 18*).

Die Flucht Jonas

Irgendwann erhält ein Mann namens Jona den Auftrag, zur Stadt Ninive zu reisen und deren Bewohnern zu verkünden, dass sie wegen ihres schlechten Verhaltens von Gott demnächst getötet werden sollen. Jona hat aber keine Lust, als Unheilsbote möglicherweise selbst sein Leben zu riskieren, und flieht auf einem Schiff.

Da schickt Gott einen gewaltigen Sturm. Jona wird als Urheber von Gottes Zorn über Bord geschmissen und landet im Bauch eines riesigen Fisches – der ihn nach drei Tagen wieder ausspuckt. Jetzt fügt sich der Prophet Gottes Willen und wandert nach Ninive. Und siehe da: Die Ninivesaner bereuen ihre Taten zutiefst und geloben ernsthaft Besserung, woraufhin Gott die Strafe zur Bewährung aussetzt. Jona ist darüber zwar ein wenig verschnupft, doch Gott macht ihm deutlich, dass Vergebung zu den wichtigsten Eigenschaften der Liebe gehört.

Die Geschichte will zweierlei erläutern: 1. Wenn Gott einen Menschen beauftragt, dann sollte der sich diesem Auftrag nicht entziehen. 2. Selbst die größten Vergehen kann und will Gott aus Gnade vergeben (*Jona*).

Zehn wichtige Geschichten aus dem Neuen Testament

Das Neue Testament enthält vier Evangelien, die aus unterschiedlichen Perspektiven die Lebensgeschichte von Jesus Christus erzählen, eine „Apostelgeschichte", die berichtet, wie es mit den ersten Christen weiterging, zahlreiche Briefe, in denen Paulus und andere Autoren (meist) auf theologische Fragen der jungen Gemeinden eingehen, und die „Offenbarung", in der ein Mann namens Johannes versucht, einen Blick in die Zukunft zu werfen, um die Gegenwart besser zu verstehen.

Etwa im Jahr 30 beginnt Jesus durch Israel zu ziehen und zu predigen. Sehr bald schart er eine kleine Gruppe von zwölf Anhängern um sich, die Jünger. Sehr wahrscheinlich war der Kreis derer, die mit Jesus durchs Land reisten, aber wesentlich größer. Man zählte damals zum Beispiel die Frauen nicht mit. Zudem wissen wir, dass Jesus bald sein Ruf vorauseilte. Von überallher kamen Neugierige, um diesen ungewöhnlichen Mann zu sehen, der Kranke heilen und so mitreißend von der Freundlichkeit Gottes erzählen konnte.

Die folgenden zehn Geschichten sind nur eine kleine Auswahl aus der großen Menge von Erlebnissen und Gleichnissen, die im Neuen Testament erzählt werden. Die meisten davon sind bekannt und sie geben ein Bild davon, wie sehr die Person Jesu die Autoren damals begeistert und bewegt hat. Sie wollen anstecken mit ihrer Freude und Leidenschaft für das Leben und für Gott.

Die Weihnachtsgeschichte

Der römische Kaiser Augustus beschließt, in Israel eine Volkszählung durchzuführen. Dafür muss jeder Familienvater in seine Geburtsstadt reisen. Also macht sich auch ein Zimmermann namens Josef, ein Nachfahre des Königs David, auf den Weg – und zwar nach Bethlehem. Er reist zusammen mit seiner hochschwangeren Verlobten Maria, der prophezeit wurde, sie werde den Sohn Gottes gebären.

Als sie in Bethlehem ankommen, wird das Kind geboren: Jesus. Da in den Herbergen kein Platz mehr war, legen sie das Kind in eine Futterkrippe. Einigen Hirten auf der Weide wird diese Geburt von einem Engel verkündet, und sie rennen zum Stall, um Maria und Josef die fröhliche Nachricht zu überbringen: „Euer Junge wird die Welt retten. Er bringt Heil, deswegen ist er der Heiland." Zu alledem singen Heerscharen von Engeln Halleluja (*Lukas 2*). Das Matthäusevangelium erzählt darüber hinaus von weisen Männern, Sterndeutern, denen eine besondere Sternenkonstellation den Weg nach Bethlehem weist und die wertvolle Geschenke bringen (*Matthäus 1 und 2*).

Die Geschichten betonen die Besonderheit der Geburt Jesu: Er wird als Sohn Gottes nicht in einem Palast oder in einer noblen Villa geboren, sondern in ganz einfachen Verhältnissen. In ihm wird Gott Mensch, um seiner Schöpfung unendlich nah sein zu können.

Johannes der Täufer

In der Zeit des Neuen Testamentes warten in Israel die Gläubigen schon seit vielen Jahrhunderten auf einen angekündigten Retter. Einen von Gott gesandten Menschen, der die Welt von allem Bösen befreit. Johannes verkündet nun in der Wüste, dass dieser Messias bald kommen werde und dass das doch ein guter Anlass wäre, sich mit Hilfe einer Taufe von den angesammelten Sünden reinzuwaschen.

Und wahrhaftig: Die Menschen strömen herbei, so dass Johannes den Beinamen „der Täufer" erhält. Dass er sich nur von Heuschrecken ernährt und einen Kamelhaarmantel umhat, trägt dabei sicherlich zu seinem Kultstatus bei.

Kurz bevor Jesus mit etwa dreißig Jahren anfängt, vom Reich Gottes zu predigen, geht er ebenfalls zu Johannes, um sich taufen zu lassen. Er macht aber schnell deutlich, dass das Reich Gottes gerade nicht als sofortiges großes Gericht über die Welt kommt, sondern als Botschaft von der grenzenlosen Liebe, die allen Streit und alle Schuld überwinden kann. Johannes wirkt noch eine Zeit lang weiter. Dann wird er gefangen genommen und hingerichtet, weil er die Ehe des Königs Herodes kritisiert.

Die Geschichte bindet das Wirken Jesu in die israelitische Zeitgeschichte ein. Sie erklärt, warum die seit langem unterdrückten Juden damals auf Jesus so unterschiedlich reagierten: Die einen sahen in ihm den versprochenen Messias, die anderen eben nicht (*Matthäus 3*).

Petrus auf dem Wasser

Eines Tages gerät das Schiff der Anhänger Jesu in einen schweren Sturm. Als deren Verzweiflung immer größer wird, kommt Jesus plötzlich auf dem Wasser zu ihnen gelaufen. Die Jünger halten ihn allerdings zuerst für ein Gespenst, weil sie einfach nicht wahrhaben wollen und können, dass ein Mensch auf dem Wasser geht. Daraufhin bittet Petrus, Jesus möge ihn als Beweis seiner Kraft ebenfalls auf dem Wasser laufen lassen. Voilà: Es klappt.

Petrus ist begeistert. Doch mitten auf den Wellen meldet sich sein Verstand zurück: „Moment mal! Seit wann können Menschen auf dem Wasser gehen? Das gibt es doch gar nicht." Und – schwups! – beginnt der Kleingläubige zu sinken. Verzweifelt schreit er: „Herr, hilf mir!" Da streckt Jesus die Hand aus und zieht Petrus wieder zu sich auf die Wasseroberfläche; nicht ohne ihn wegen seiner Zweifel mahnend anzugucken.

Die Geschichte zeigt, dass Glauben das Dasein verändert. Wer glaubt, für den sind Dinge möglich, die für einen Nichtglaubenden unmöglich sind. Ob Petrus damals wirklich auf dem Wasser gehen konnte, ist für die Autoren dabei gar kein Thema. Sie lebten in einer Welt, in der man Wunder für ganz selbstverständlich hielt (*Matthäus 14*).

Die Speisung der 5.000

Je länger Jesus von der Liebe Gottes erzählt, desto mehr Leute strömen aus allen Ecken und Enden des Landes, um ihn reden zu hören. Eines Tages versammeln sich tatsächlich 5.000 Menschen, die so übereilt aufgebrochen sind, dass sie nichts zu essen mitgebracht haben. Als es nun Abend wird, fordert Jesus seine Jünger auf, doch Verpflegung zu organisieren. Die aber sind entsetzt, weil sie nicht wissen, wie sie das machen sollen. Denn viel Geld besitzen sie nicht.

„Gut", sagt Jesus, „dann schauen wir doch mal, was wir selbst dabeihaben. Aha: fünf Brote und zwei Fische. Los! Verteilt das!" Die Jünger fangen an, die wenigen Lebensmittel unter die Leute zu bringen und – o Wunder – das Essen reicht. Und nicht nur das: Alle werden satt und am Ende bleiben sogar noch zwölf volle Körbe übrig.

Die Geschichte macht deutlich, dass Jesus seine göttlichen Kräfte immer wieder einsetzte, um elementare Grundbedürfnisse zu stillen. So wie er ganz zu Beginn seines Auftretens bei einer Hochzeit sogar Wasser in Wein verwandelte. Gott ist fürsorglich: Das soll allen Beteiligten klarwerden (*Markus 6*).

Die Heilung des Lahmen

Als bekannt wird, dass Jesus Menschen von schweren Krankheiten heilt, entschließen sich einige Männer, ihren gelähmten Freund zu ihm zu tragen. Aber: Das Haus ist so umlagert, dass sie es nicht schaffen, bis ins Innere vorzudringen. Da steigen sie flugs aufs Dach, machen von oben ein Loch in die Decke und lassen den Lahmen auf seiner Liege an Seilen herab. Er landet genau vor den Füßen Jesu.

Der aber sagt etwas Seltsames: „Mensch, deine Sünden sind dir vergeben." Ein Sakrileg! Gotteslästerung! Finden jedenfalls die anwesenden jüdischen Theologen. Schließlich dürfe nur Gott Schuld vergeben. Selbstbewusst weist Jesus seine Kritiker darauf hin, dass es ja wohl leichter sei, jemandem so etwas zuzusagen, als ihn von seiner Krankheit zu heilen. Da steht der Kranke auf und ist wieder gesund.

Die Geschichte führt vor Augen, wie sehr schon zu Jesu Zeiten seine Behauptung, er sei Gottes Sohn, infrage gestellt wurde. Er selbst aber sieht in seinen zahlreichen Heilungen vor allem eines: das Hereinbrechen des Reiches Gottes. Und in diesem Reich wird kein Mensch darunter leiden, dass er natürlich hin und wieder versagt hat (*Lukas 5*).

Der verlorene Sohn

Der jüngere Sohn eines reichen Mannes verkündet seinem Vater, er wolle sein Erbe ausbezahlt haben. Der Vater teilt also seinen Besitz unter den beiden Brüdern, woraufhin der jüngere in die Fremde geht – wo er alles verprasst. Und weil dort auch noch eine Hungersnot ausbricht, ist der Lebemann nach einiger Zeit gezwungen, sich als Schweinehirte zu verdingen. Widerlich!

Der Sohn beschließt heimzukehren, um bei seinem eigenen Vater als Knecht zu arbeiten. Doch als der Vater seinen Sohn kommen sieht, läuft er ihm entgegen, jubelt, umarmt ihn und freut sich unsäglich. Und er befiehlt, sofort ein großes Fest zu veranstalten – obwohl der Sohn beteuert, er habe es nicht verdient, zukünftig mehr zu sein als ein kleiner Angestellter. Dem Vater ist das egal: „Mein Sohn war verloren und ist wieder lebendig geworden."

Jesus erzählt diese Geschichte als eines von vielen berühmten Gleichnissen, die bildhaft etwas über Gott sagen wollen. Hier ist die Erklärung naheliegend: Gott ist wie dieser Vater. Auch wenn die Menschen, seine Kinder, davonlaufen und sich selbst ins Unglück stürzen, wird ihr Schöpfer sie immer wieder mit offenen Armen empfangen (*Lukas 15*).

Der Verrat des Judas

Dass Jesus mit seiner Botschaft von der Freundlichkeit Gottes immer mehr Anhänger findet, missfällt sowohl der jüdischen Geistlichkeit als auch der römischen Besatzungsmacht. So wird beschlossen, dass dieser umherziehende Wanderprediger aus dem Weg geräumt werden soll. Und zwar noch vor dem großen Passahfest, bei dem alljährlich viele gläubige Juden nach Jerusalem ziehen, um dort im Tempel zu beten.

Auch Judas, einer der zwölf Jünger, ist von Jesus enttäuscht. Möglicherweise hatte er sich eher einen äußerlichen Machtwechsel in Israel erhofft, eine Revolution. Jedenfalls wendet er sich an die Obrigkeit und bietet ihr an, sie zu Jesus zu führen. Der ist gerade mit den anderen Jüngern in einem Garten namens Gethsemane und betet, als die Truppen auftauchen. Sein Verräter aber hat mit den Soldaten ein perfides Zeichen ausgemacht: Derjenige, den er küsst, ist Jesus. Und so wird Jesus tatsächlich mit einem Kuss verraten. Die geistliche

Gemeinschaft um den Sohn Gottes zückt angesichts der Bedrohung wütend ihre Schwerter, aber Jesus gebietet ihnen Einhalt. Er ist ein Mann des Friedens.

Die Geschichte zeigt, dass der Tod Jesu etwas Unausweichliches war. Selbst seine Jünger verstanden den Sohn Gottes nicht wirklich oder erwarteten sich von ihm die Erfüllung bestimmter Wünsche. Auch Petrus, der Anführer der Jünger, verleugnet ihn wenig später. Doch Jesus macht deutlich: Glaube hängt nicht an unseren Sehnsüchten oder Träumen, er ist eine befreiende Zusage Gottes (*Matthäus 26*).

Die Kreuzigung

Die Obrigkeiten machen kurzen Prozess mit Jesus. Wer das Volk durcheinanderbringt, muss weg. So sehen es jedenfalls die geistlichen Führer Israels – und der König. Der offizielle römische Statthalter, Pontius Pilatus, erklärt daraufhin, er sei für das Urteil nicht verantwortlich und „wasche seine Hände in Unschuld". Trotzdem befiehlt er, Jesus zu kreuzigen. Sprich: ihn an ein Kreuz zu nageln, an dem er jämmerlich verendet.

Mit zwei anderen Verurteilten wird Jesus auf dem Berg Golgatha hingerichtet. Kurz vor seinem Tod ermahnt er die wenigen Verbliebenen seiner Anhänger, füreinander einzustehen, er bittet Gott, seinen Peinigern zu vergeben und seufzt am Ende nur noch: „Es ist vollbracht." Denn er hatte ja vorher seinen Jüngern erklärt, dass er werde sterben müssen, um damit stellvertretend die von den Menschen angehäufte Schuld zu tilgen. Die Strafe, die eigentlich die Menschen verdient hätten, übernimmt Jesus. Oder wie es an einer Stelle heißt: „So sehr hat Gott die Welt geliebt, dass er seinen eigenen Sohn hingab, damit wir leben können" (*Johannes 3,16*). Ein römischer Soldat sticht Jesus dann kurz in die Seite, um dessen Tod festzustellen.

Die Geschichte ist schon für Paulus, aber auch für die Theologen aller Zeiten das Zentrum des Glaubens: Alles, was zwischen Gott und den Menschen stehen könnte, nimmt Jesus auf sich und macht den Weg frei für eine neue Beziehung zwischen Geschöpf und Schöpfer (*Johannes 19*).

Die Auferstehung

Ein reicher Jude lässt Jesus in eine Grabhöhle legen. Doch als zwei Tage später einige Frauen aus dem Jüngerkreis dorthin kommen, stellen sie überrascht fest, dass der schwere Stein vor dem Eingang weggerückt wurde. Der Leichnam ist verschwunden! Dafür erscheint ein Engel, der den Frauen verkündigt, dass Jesus von den Toten auferstanden sei. Und tatsächlich: Kurz darauf treffen die beiden den Sohn Gottes, der sie ermutigt, die anderen Jünger zu informieren und sich nicht mehr zu fürchten.

Später zeigt sich Jesus seinen Anhängern noch mehrfach. In Jerusalem, aber auch im Norden am See Genezareth, wohin einige der ängstlichen Männer schon wieder zurückgekehrt sind. Dabei beauftragt der Auferstandene seine Jünger, die Botschaft von der Liebe Gottes von nun an selbst in die Welt zu tragen, Menschen zu taufen und sie zu neuen Jüngern zu machen. Kurz darauf fährt er in den Himmel.

Die Geschichte zeigt, dass der Tod bei Gott nicht das letzte Wort hat. Da, wo menschliche Vernunft nicht mehr weiterkann, eröffnet Gott neue Perspektiven, die bis in die Ewigkeit reichen. Darum brauchen Christen keine Angst mehr vor dem Tod zu haben. Eine Botschaft, die das Leben radikal verändert (*Matthäus 28*).

Die Reisen des Paulus

Die kleine Jüngerschar weiß anfangs nicht, wie sie das hinbekommen soll mit der Fortführung von Jesu Traum. Da wird ihnen an Pfingsten plötzlich der Heilige Geist geschenkt, eine motivierende Ausdrucksform Gottes, eine Kraft des Himmels, die alle Ängste überwindet und ungeahnten Mut verleiht. Die brauchen die Jünger auch, denn die Herrschenden jagen die Christen, um ihren Ideen ein Ende zu setzen.

Ein Mann namens Saulus verfolgt die junge Gemeinde besonders verbissen. Bis ihm vor Damaskus Jesus selbst begegnet und er im wahrsten Sinne des Wortes eine Bekehrung erlebt. Paulus, so sein griechischer Name, beschließt, sein Leben nun der einzigartigen Botschaft Jesu zu widmen. Dabei entwickelt er bald große Pläne: Nicht nur in Israel, nein, überall auf der Welt sollen Menschen von Gott erfahren. Und so packt er sein Bündel und zieht über Jahre durch das Römische Reich. Unterwegs gründet er Gemeinden, schreibt kluge Briefe und wird so zum Gründervater der Mission.

Die Geschichte erzählt einerseits, dass Menschen tatsächlich ihr Leben radikal ändern können, wenn sie von der Liebe Gottes ergriffen werden. Andererseits zeigt sie, dass ein begeisterter Mensch gar nicht anders kann, als seine Begeisterung weiterzugeben und anderen von dem vorzuschwärmen, was ihn glücklich macht (*Apostelgeschichte*).

Gott redet durch Menschen.
Wir würden es nicht aushalten, wenn er selbst reden würde.
— Martin Luther —

Der evangelische Gottesdienst

Im Gottesdienst kommen Christinnen und Christen zusammen, um miteinander ihren Glauben zu feiern. Mit Leidenschaft und Hingabe. Zwar weist schon die Bibel freundlich darauf hin, dass eigentlich das ganze Leben ein Gottesdienst sein sollte, die Gläubigen können es aber bis heute nicht lassen, gemeinsam zu singen, zu beten und zu loben. Zum Glück! Denn Gemeinschaft tut dem Glauben gut. Außerdem hat Jesus von Anfang an die gelingenden Beziehungen zwischen den Menschen als entscheidendes Kennzeichen einer gesunden Gottesbeziehung hervorgehoben: Wer sich von Gott geliebt weiß, der liebt auch die Menschen. Deshalb gilt: Die Liebe eines großen Gottes macht das Leben zum Fest. Und genau das soll in jedem Gottesdienst erfahrbar werden.

Martin Luther hatte nun aber den Eindruck, dass von dieser Glaubensfreude in den katholischen Messen seiner Zeit relativ wenig zu spüren sei. Also reformierte er als Erstes das Gottesdienstverständnis: Irgendwie – fand Luther – feiere die römische Kirche noch immer so, als müsse der Mensch Gott dienen und ihm Opfer bringen. Dabei war dem großen Denker in seiner reformatorischen Erkenntnis doch genau das Gegenteil klargeworden: Gott dient den Menschen. Und diese erfreuliche Botschaft sollte fortan die gemeinsame Feier prägen (→ *Was man über Luther wissen sollte*).

Luther „erfand" deshalb die Gestaltung des Gottesdienstes quasi neu. Das liturgische Miteinander der Gemeinde sollte verständlich, anregend, inspirierend und festlich sein. So weit, so gut. Aber: Für einen nicht kirchlich sozialisierten und zufällig in einen Gottesdienst geratenen Besucher ist das alles 500 Jahre später dann doch nicht mehr ... äh, sofort nachvollziehbar. Darum versteht sich das folgende Kapitel als kleine Einführung in die Kunst des Gottesdienstes. Denn natürlich kann man manches besser genießen, wenn man weiß, was die Elemente bedeuten oder warum da partout eine Orgel pfeift, obwohl die meisten Leute privat eher rockige Musik hören. Also: Treten wir ein in die wundersame Welt eines evangelischen Gottesdienstes, dieses sakrale „Second Life", in dem wie in einer Fantasy-Welt ganz eigene Regeln gelten. Los geht's!

Was man über den Gottesdienst wissen sollte

Am liebsten hätte Martin Luther gleich drei Gottesdienst-Modelle angeboten: 1. Die alte „Lateinische Messe" für alle Insider, die Latein können und mit den überlieferten Ritualen vertraut sind.   2. Eine „Deutsche Messe" für all die Menschen, die noch dabei sind, den Glauben zu lernen und zu erforschen. Die konnte nur in einer für jeden verständlichen Form stattfinden. Ja, dieser erneuerte Gottesdienst sollte sogar so einladend und nachvollziehbar sein, dass „selbst ein Türke auf dem Feld" versteht, was da passiert. Und   3. Einen Gottesdienst in kleinem Kreis für gereifte Christinnen und Christen, die als Gruppe miteinander ihr Glaubensleben gestalten wollen.

Letztlich setzte sich aber in der evangelischen Kirche nur das zweite Modell durch. Luther selbst stellte erstaunt fest, dass er für das dritte Konzept einfach nicht genügend geistlich geerdete Kandidaten finden würde. Und als die Menschen erst einmal die Bibel in Deutsch lesen konnten, hatten sie auch keine Lust mehr, in Latein zu feiern, einer Sprache, die sie gar nicht verstanden. Daher zelebrierte man bald überall die Deutsche Messe.

Doch das, was im 16. Jahrhundert allgemeinverständlich war, ist es eben heute nicht mehr. So dass selbst von überzeugten Lutheranern immer öfter gefragt wird, ob denn der von Luther im Spätmittelalter eingeführte Gottesdienst heute überhaupt noch den lutherischen Qualitätskriterien entspricht – Sie wissen schon: Selbst ein „Türke auf dem Feld" soll seine Bedeutung und seine Elemente verstehen können. Viele Gemeinden gestalten deshalb inzwischen „etwas andere" Gottesdienste, die bewusst versuchen, mit den medialen Mitteln und den Kommunikationsformen des 21. Jahrhunderts zu arbeiten: Moderation, Schauspiel, Musik-Band, Filmeinspielungen und vieles mehr. Doch wer Alternativen ausprobieren will, sollte auf jeden Fall die Grundlagen und Hintergründe des „klassischen" Gottesdienstes kennen. Denn trotz aller Ritualisierung stecken sie voller Schönheit und Kraft. Voilà!

Gemeinde

Natürlich braucht man für einen Gottesdienst zuallererst eine Gemeinde. Sagen zumindest die Evangelischen. In der orthodoxen Kirche reicht es bis heute, dass der Priester da ist. Er zelebriert notfalls auch allein. In Deutschland gilt dagegen weiterhin der schöne Satz: „Eine leere Kirche kann man nicht für voll nehmen." Sprich: Es sollten Menschen da sein, die feiern. Entscheidend ist dabei: Weil sich die ersten Christen regelmäßig begeistert trafen, entwickelten sich christliche Gottesdienste – nicht umgekehrt. Man darf deshalb einen Gottesdienst freiwillig und voll Freude besuchen (→ *Was man über Gnade wissen sollte*).

Gottesdienste werden in Deutschland von ganz unterschiedlichen Gruppen angeboten – von Katholiken, Evangelischen, Freikirchlern, diakonischen Einrichtungen ... Von verschiedenen Menschen also, die sich im Glauben verbunden fühlen und dem in einer gemeinsamen Feier Ausdruck verleihen wollen. Immer mehr Menschen suchen sich ihren Gottesdienst danach aus, ob er ihrer Kultur, ihrem Stil, ihrer Erwartung oder ihrem Glauben entspricht. Das kann man gern tun. Grundsätzlich gilt jedoch: Wer Mitglied der evangelischen Kirche ist, gehört automatisch zu der Kirchengemeinde, in der auch sein Hauptwohnsitz liegt. Bei einem Umzug wechselt er dann in die Gemeinde des neuen Ortes. Für alle, die sich in einer anderen Gemeinde engagieren und auch „richtig" dorthin gehören wollen, besteht die Möglichkeit, sich „umpfarren" zu lassen. Damit findet sich ihre Adresse nun in der Datenbank der neuen Gemeinde. Ein kurzer Besuch im Büro der Gemeinde genügt.

Kirche

Gottesdienste finden heute meistens in Kirchen statt. Dem war nicht immer so. Da die ersten Kirchenbauten aus dem 3. Jahrhundert stammen, geht man davon aus, dass sich die jungen Gemeinden ursprünglich in den Privaträumen ihrer Mitglieder trafen. Und tatsächlich ähnelte die Architektur der frühen Kirchen noch sehr einem riesigen Wohnzimmer. Man wollte sich die kuschelige Atmosphäre bewahren. Es sollten eben nur mehr Leute reinpassen.

Als das Christentum im 4. Jahrhundert zur römischen Staatsreligion ernannt wurde (➔ *Was man über die Konfessionen wissen sollte*), verlockte es manches Christenherz, für Gott fortan auch stattliche und repräsentative Gebäude zu errichten – Kirchen, die schon von ihrer Anmutung her etwas von der Größe und der Schönheit des Heiligen widerspiegeln sollten. Diesem Ansatz verdanken wir die zahlreichen beeindruckenden Kathedralen, Münster und Dome in Europa.

Martin Luther wehrte sich allerdings vehement gegen die verbreitete Idee, Gott wäre in „heiligen Räumen" gegenwärtiger als anderswo. Das hielt er für Unsinn. Gott ist überall gleichermaßen erfahrbar: am Arbeitsplatz, beim Joggen, in der Disko, beim Baden oder im Schlafzimmer. Darum werden evangelische Kirchen im Gegensatz zu katholischen nicht geweiht, und man bekreuzigt sich am Eingang auch nicht mit geweihtem Wasser. Trotzdem können sich manche Menschen in Kirchengebäuden besser auf Gott besinnen, weil der Raum natürlich ganz auf die Präsenz Gottes hin angelegt wurde; ein Ort, an dem man aus dem Alltag aussteigen kann.

Sonntag

Die Apostelgeschichte (→ *Zehn wichtige Geschichten aus dem Neuen Testament*) schreibt über die ersten Christen: „Sie waren täglich miteinander im Tempel und feierten in ihren Häusern gemeinsam Abendmahl" (2,46). Das heißt: Zu Beginn des Christentums gab es keinen speziell hervorgehobenen Gottesdiensttag. Erst als die jungen Gemeinden sich vermehrt vom Judentum abgrenzen wollten (das ja traditionell am Samstag seinen Sabbat feierte), hob man bei den Christen den Sonntag hervor – den Tag der Auferstehung Jesu.

Dazu kommt: Solange das Christentum eine verfolgte Religion war, fanden die Treffen der Gläubigen meist im Morgengrauen oder am Abend statt. Dass heutzutage in fast allen Gemeinden der Gottesdienst zwischen 8.00 und 11.00 Uhr beginnt, hat dagegen einen ganz banalen Grund: Dieser Termin lag früher so günstig zwischen den Fütterungs- und Melkzeiten der Bauern. Für ihn gibt es also keine theologischen Argumente. Der Freizeitforscher Horst Opaschowski hat zudem ermittelt, dass sich im 21. Jahrhundert die Mehrheit der Menschen am liebsten am Sonntagabend mit Gott beschäftigt: Das Kaffee-trinken bei Oma ist dann vorbei, und man möchte Kraft und Ermu-tigung für die kommende Woche tanken (bevor man Tatort schaut).

Im Lauf der zunehmenden Säkularisierung Europas wird seit einiger Zeit allerdings versucht, dem Sonntag seine Sonderstellung zu nehmen: Läden öffnen ganztägig, Sportveranstaltungen boomen, Menschen müssen immer öfter sonntags arbeiten, und der Rhyth-mus der Woche wird auf den Ruhetag übertragen. Dagegen wehren sich die Kirchen zu Recht. Nicht nur, weil allen Interessierten der Gottesdienstbesuch ermöglicht werden soll, sondern auch, weil das biblische Gebot der „Feiertagsheiligung" längst von Medizinern und Psychologen unterstützt wird: Wer nicht einen Tag in der Woche zur Ruhe kommt, geht kaputt.

Feier

Für die meisten Christen ist der Gottesdienst bis heute die zentrale Ver-anstaltung des Gemeindelebens. Für viele leider auch die einzige. Kri-tiker sagen jedoch: Wenn man seinen Glauben auf eine sakrale Stunde am Sonntagvormittag beschränkt, braucht man sich nicht wundern, wenn die eigene Existenz als Christ irgendwie blass und uninspiriert bleibt. Also: Die Feier des Sonntags soll die ganze Woche inspirieren.

Grundsätzlich gilt dabei: Im Gottesdienst wird der Glauben der Gemeindeglieder vereint und gebündelt. Die Feier kann deshalb im-mer nur so gut sein wie die geistliche Aktivität der Menschen, die da zusammenkommen. Und nur, wenn ein Gottesdienst auch für die Fragen des Alltags relevant ist und etwas mit dem Leben der Feiern-den zu tun hat, erfüllt er seine ureigentliche Funktion: ein Fest des Glaubens zu sein.

Aber mal ganz ehrlich: In manchen Gottesdiensten ist die Freude bisweilen ziemlich gebremst. Da herrscht eine, nun ja, ganz besondere Fröhlichkeit, wie man sie nirgends sonst findet. Eine Freude, die von ganz tief innen kommt – und da auch bleibt. So eine Art heitere Melancholie, die manchmal bis in die erlöste Depression reicht. Das soll natürlich nicht sein. Oder um es anders zu sagen: Jesus würde sich vor Schreck im Grab umdrehen, wenn er denn dringeblieben wäre. Also: Einen Gottesdienst soll man feiern, nicht besuchen.

Kleidung

Bis heute tobt zwischen den Generationen ein endloser Streit, wie man sich in einem Gottesdienst kleiden soll. Oder gar bei einer Konfirmation. Während die Älteren dabei gern auf die Würde und die Besonderheit des Anlasses hinweisen und ihren Sonntagsanzug hervorholen, halten von Martin Luther inspirierte Jungchristen dagegen, dass die Gnade Gottes nun wahrlich nichts mit Mode und Outfit zu tun habe.

Das Verwirrende ist: Beide haben Recht. Natürlich liebt Gott einen Teenager in zerrissenen Jeans und mit fettigen Haaren nicht weniger als einen geschniegelten Mittachtziger. Zugleich ist aber ein Gottesdienst natürlich von den Normen und Sitten der jeweiligen deutschen „Stammeskultur" geprägt. Das bedeutet: So wie man sich auch sonst bei herausgehobenen Anlässen – wie Bewerbungsgesprächen, der Vorstellung bei potenziellen Schwiegereltern oder klassischen Konzertbesuchen – gut kleidet, sollte man in der Kirche nicht völlig verlottert erscheinen. Gott ist das egal. Aber zur christlichen Freiheit gehört ja auch die biblische Aufforderung, dem Nächsten nicht zum Ärgernis zu werden.

Allerdings: Das gilt in beide Richtungen. Wer als Kampf-Senior mit allzu strengen Sitten („Weg da, das ist mein Platz. Da sitz ich seit sechzig Jahren.") anderen den Gottesdienstbesuch verleidet, der hat von der Liebe Gottes auch nicht viel verstanden. Zudem sollte man nie vergessen, dass die eigene Gemeinde nicht der Maßstab aller Dinge ist. Anderswo auf der Welt feiert man den Gottesdienst mit freiem Oberkörper (in Zentralafrika), im Baströckchen (in der Südsee), auf einer Harley (im Motorradfahrer-Gottesdienst) oder mit Dutt (im Siegerland). Schön wäre es, das alles mal zu verbinden: Oben ohne mit Dutt und Baströckchen auf einer Harley im Siegerland. Nein. Lieber doch nicht. War eine blöde Idee.

Was man über den Pfarrer oder die Pfarrerin wissen sollte

Die Pfarrerin oder der Pfarrer ist die schwarz gekleidete Person, die im Gottesdienst in der Regel vorne steht – quasi der geistliche Animateur der Gemeinde. Wissensdurstigen sei verraten: Die Bezeichnung „Pfarrer" kommt ursprünglich aus dem Germanischen, ist aber ans Griechische angelehnt. Dabei hat sich aus der Zusammensetzung von „παρά" (= „in der Nähe, nahe bei") und „οἶκος" (= „Haus") ein neuer Wortstamm gebildet. Der Pfarrer ist also der, der mit „benachbarten Häusern" zu tun hat. Später wurde daraus: derjenige, der „Verantwortung für einen Nachbarschaftsbezirk" trägt. In anderen Regionen heißt der Pfarrer einfach Pastor, was „Hirte" bedeutet. Das macht deutlich, worum es geht: Pfarrer sollen wie Hirten für die Herde der Gläubigen da sein.

Ein evangelischer Pfarrer betreut als ausgebildeter Theologe meist eine oder mehrere Gemeinden. In Deutschland sind das in der Regel zwischen 1.500 und 4.000 Personen. Um Pfarrer zu werden, absolviert man ein sehr umfangreiches Studium, zu dem auch das Erlernen der klassischen Sprachen gehört: Latein, Griechisch und Hebräisch. Schließlich wurden die wesentlichen Quellen, mit denen ein Pfarrer zu tun hat, ursprünglich nicht in Deutsch verfasst (→ *Was man über die Bibel-Übersetzung wissen sollte*). Außerdem beschäftigt sich ein

Pfarrer allgemein mit dem Alten und dem Neuen Testament (→ *Zehn wichtige Geschichten aus dem Alten und dem Neuen Testament*), mit Kirchengeschichte, mit den Grundsätzen des Glaubens (Dogmatik) und mit der praktischen Gestaltung der Gemeindearbeit. In den evangelischen Kirchen in Deutschland können den Beruf sowohl Männer als auch Frauen ausüben. Das ist allerdings nicht überall so.

Wenn ein Pfarrer an der Universität sein erstes Examen bestanden hat, wird er Vikar, also „Pfarrer-Azubi". Er arbeitet dann in einer Gemeinde mit, lernt dort alle Arbeitsbereiche kennen und wird begleitend dazu in einem Predigerseminar ausgebildet. Das dauert ungefähr zwei Jahre und endet mit dem zweiten Examen. Nach dieser erneuten Prüfung wird der Theologe ordiniert, sprich: offiziell zum Pfarrer ernannt. Nun darf er trauen, beerdigen, taufen, Gottesdienste verantworten und das Abendmahl austeilen. Er trägt fortan die „Bürde des Amtes".

Amt

Der Pfarrer hat als Amtsträger in vielen Regionen weiterhin eine gesellschaftlich herausgehobene Stellung. Er wird dann weniger über seine Person als über seine Rolle definiert. Das heißt: Pfarrerin und Pfarrer gelten als Stellvertreter der Kirche vor Ort und als eine Art Vorzeige-Christ. Das hat auch mit dem katholischen Amtsverständnis zu tun, nach dem ein Amt einer jeweils eigenen Weihe bedarf – also eines Weiheaktes durch den Papst oder einen seiner Vertreter. Deswegen wird ein ordinierter Theologe oft mit seinem Titel angesprochen: „Herr Pfarrer". Martin Luther tat sich mit diesem Verständnis von Geistlichkeit schwer. Seiner Meinung nach kann ein Amt nämlich nur vom Evangelium, von der Botschaft Gottes, her verstanden werden. Die Bibel erzählt aber davon, dass Gott jeden Menschen beauftragt zu verkündigen. Einer besonderen Weihe bedarf es dazu nicht.

Luther schrieb einmal: „Sobald jemand getauft ist, ist er zugleich geweiht, Priester, Bischof oder Papst zu werden – dennoch ist das nicht für jeden das Richtige." Sprich: Luther wollte dem Amt das scheinbar „Sakrale" nehmen, befand es aber für richtig, dass Menschen dazu berufen werden.

Das Wort „Amt" stammt übrigens aus dem Keltischen und bedeutet einfach „Dienstmann". Der Pfarrer soll also seiner Gemeinde dienen. Nebenbei: Kirchenrechtlich ist ohnehin der Kirchenvorstand für die Leitung der Gemeinde verantwortlich. Dieses Gremium, das anderenorts auch Presbyterium, Ältestenrat, Gemeindeausschuss oder Kirchpflege heißt und von der Gemeinde gewählt wird, hat den Auftrag, für das Wohl der Gemeinschaft zu sorgen. Es bestimmt den Kurs – darf dem Pfarrer allerdings nicht vorschreiben, was er zu predigen hat.

Tracht

Das „große Schwarze", das Pfarrpersonen im Gottesdienst meist tragen, heißt Talar. Dieses faltige Gewand mit den weiten Ärmeln wurde offiziell am 1. Januar 1811 durch eine königlich-preußische Verordnung in Deutschland eingeführt. Luther selbst fand die Kleiderfrage zu seiner Zeit ziemlich nebensächlich und hatte auf der Kanzel meist seine schwarze Gelehrtentracht an. Heute gilt: Die Kleidung ist den Pfarrern von ihren Landeskirchen vorgegeben. Seit einiger Zeit regt sich aber Widerstand, weil es für den Talar weder eine theologische Motivation noch einen triftigen Grund gibt, der die bisweilen abschreckende Farbe Schwarz rechtfertigen würde.

Zum Talar gehört vielerorts außerdem das berühmte „Beffchen", ein zweiflügeliges weißes Kragenanhängsel, das ein wenig hilft, die evangelischen Glaubensrichtungen auseinanderzuhalten: Bei Lutheranern sind die beiden weißen Streifen getrennt, bei Unierten bis zur

Mitte verbunden und bei Reformierten quasi aneinandergeheftet (→ *Fünf andere Reformatoren*). Da das Beffchen ursprünglich als Bartschoner eingeführt wurde, dürfen in manchen Landeskirchen die Pfarrerinnen darauf verzichten. Das nenne ich mal einen grandiosen Sieg der Emanzipation.

Aber aufgepasst: Immer öfter sieht man inzwischen auch evangelische Pfarrerinnen und Pfarrer in der weißen Albe. Das ist ein weißes, knöchellanges Gewand, oft verziert mit einer bunten Stola in der jeweiligen Farbe des Kirchenjahres (→ *Was man über das Kirchenjahr wissen sollte*). Diese Albe entspricht eher der frühkirchlichen Sakralkleidung und wirkt auf viele Menschen wesentlich freundlicher. Noch ist sie aber (je nach Landeskirche) nicht überall erlaubt. Angeblich, weil manche Kirchenleitungen Angst haben, ihr Personal würde mit Katholiken verwechselt. Welch grausame Vorstellung.

Aufgaben

Böse Zungen behaupten seit jeher, Pfarrer würden sonntags ihre Gottesdienste feiern und hätten die anderen sechs Tage der Woche frei. Das ist (leider) falsch. Viele Pfarrer klagen sogar, dass sie von den regelmäßigen Aufgaben bisweilen ziemlich erdrückt werden. Normalerweise hat ein Pfarrer nämlich mehrere Schulstunden pro Woche, zwei Stunden Konfirmandenunterricht, zwei Sprechstunden, fünf Hausbesuche, drei Sitzungen, fünfzig Telefonanrufe, dreihundertvierundsechzig E-Mails und, und, und. Außerdem will der nächste Gottesdienst ja auch vorbereitet werden. Da ist oft wenig Platz für innovative Sonderaktionen.

Hinzu kommen die Kasualien, also die Gottesdienste, die einen speziellen Anlass haben (Kasus = „Fall"). Das sind zum Beispiel Taufen, Trauungen und Beerdigungen, die jeweils intensive Vorgespräche benötigen, damit die Feier auch den Personen angemessen gestaltet werden kann. Und zu guter Letzt sind Pfarrer qua Amt Mitglied verschiedener Gremien – wie etwa eines Pfarrkonvents (Treffen der Pfarrer einer Region), einer Synode oder des Kirchenvorstands.

Das Herausforderndste am Pfarrberuf ist sicher die Tatsache, dass der Pfarrer nie Feierabend hat. Liegt ein Gemeindeglied im Sterben, braucht jemand seelischen Beistand oder hat die Jugendgruppe mal wieder den Schlüssel zum Gemeindehaus verloren, dann klingelt eben zu jeder Tag- und Nachtzeit jemand an der Haustür. Dafür kann ein Pfarrer aber auch mal am Mittwochnachmittag mit seinen Kindern Schlitten fahren oder ins Schwimmbad gehen. Es gibt also doch so etwas wie eine ausgleichende Gerechtigkeit.

Kontakt

Pfarrer dürfen jederzeit angesprochen werden. Dazu sind sie da. Und wenn sie nicht ziemlich weltfremd sind, dann stehen sie in der Regel ohnehin vor und nach dem Gottesdienst am Eingang und begrüßen die Menschen, mit denen sie gleich feiern wollen (oder gerade gefeiert haben). Dabei ist es übrigens erlaubt, den Pfarrer einfach bei seinem Namen zu nennen. Die Amtsbezeichnung „Herr Pfarrer" ist heutzutage eher eine Hilfe für diejenigen, die sich seinen Namen nicht merken können.

Die meisten Pfarrerinnen und Pfarrer freuen sich sogar, wenn man den Kontakt zu ihnen sucht. Dazu bieten sie auch ihre Sprechstunden an. Schließlich sind sie auf die Reaktionen der Gemeindeglieder angewiesen, wenn ihre Arbeit den Menschen entsprechen soll. Insofern darf einem Pfarrer auch gern mal mitgeteilt werden, wenn man seine Predigt stinklangweilig fand oder man das Gefühl hat, er könnte doch mal was zu den Themen „Angst", „Einsamkeit" oder „Weltfremdheit" sagen. Ehrlich: Pfarrer freuen sich über inspirierende Vorschläge.

Im Gegenzug hilft es den Schwarzröcken sehr, wenn man sie auch ermutigt oder für etwas lobt, was sie gut gemacht haben. Martin Luther hat mehrfach betont, dass ein Geistlicher nur so viel geben könne, wie er empfängt. Wer also möchte, dass sein Pfarrer viel leistet, der sollte ihn auch unterstützen. Mit Begeisterung, Dank, Freude und natürlich, indem er für ihn betet (→ *Fünf praktische Tipps zum Beten*).

Priestertum aller Gläubigen

Noch immer geistert in vielen Köpfen die irrsinnige Vorstellung herum, der Pfarrer möge doch bitte die gesamte Gemeindearbeit machen. Das kann er nicht und so war es auch niemals gedacht. Kein Wunder, dass aktuelle Studien belegen, dass der Pfarrer oftmals der Flaschenhals der Gemeindeentwicklung ist. Wenn nichts passiert, ohne dass der Theologe seinen Senf dazugegeben hat, dann passiert eben nicht viel. Oder wie ein Pfarrer einmal sagte: „In meiner Gemeinde gibt es nur Kreise, die ich selbst leite." O je.

Martin Luther hat deswegen immer wieder auf das „Priestertum aller Gläubigen" hingewiesen: In einer Gemeinde sind alle Menschen aufgefordert, priesterlich zu handeln. Und dazu sind sie auch von Gott berufen. Die anfallenden Aufgaben in der Gemeinde sollen von allen gemeinsam angegangen werden. Und wenn jemand denkt, die Pfarrerin oder der Pfarrer würde doch dafür bezahlt, dass der Laden läuft, dann hat er das Geheimnis echter Gemeinschaft noch nicht verstanden.

Innovative Gemeindepraktiker weisen jedenfalls darauf hin, dass sich die Aufgabe der Pfarrerinnen und Pfarrer in den nächsten Jahren deutlich verändern wird. Diese werden dann einen großen Teil ihrer Arbeitszeit und -kraft investieren, um die Begabungen der Ehrenamtlichen zu fördern, Menschen zu schulen und zu motivieren und eine

Gemeinde aufzubauen, in der wirklich alle mit anpacken. Multiplikation ist angesagt. Je mehr mitmachen, desto leichter wird es für den Einzelnen. Das gilt übrigens auch für den Gottesdienst.

Was man über die Liturgie wissen sollte

Mit Liturgie meint man das Geschehen im Gottesdienst, also die einzelnen Elemente, aus denen sich die Feier zusammensetzt. Da Martin Luther das Wort „Gottesdienst" ganz neu in die deutsche Sprache eingebracht hat, redete man vorher ohnehin meist von „Messe", „Amt" oder eben „Liturgie". Dazu gehören die Lieder, die Wechselgesänge, die Gebete, die Rituale, die Predigt, das Abendmahl, der Segen und vieles andere.

Das Wort „Liturgie" kommt aus dem Griechischen und ist zusammengesetzt aus „λειτός" (= „öffentlich") und „ἔργον" (= „Werk"). Umgangssprachlich könnte man sagen: Die Liturgie ist ein „Werk zum Wohl der Allgemeinheit". Letztlich geht es im kirchlichen Rahmen bei der Liturgie also um eine Struktur, die hilft, sich im Gottesdienst zurechtzufinden. Und der „Liturg" ist demzufolge der Mensch, der die Gemeinde anleitet. Damit entspricht seine Aufgabe derjenigen, die heute einem Moderator zugeschrieben wird.

Das Problem vieler Menschen ist: Wenn man die Liturgie nicht kennt, dann stellt man möglicherweise überrascht fest, dass alle um einen herum wissen, wann man sich erhebt und was man auf bestimmte Sätze des Liturgen antwortet – nur man selber nicht. Das ist sehr irritierend. Viele Gemeinden kleben deshalb ihre Liturgie vorne ins Gesangbuch oder teilen sie aus, damit auch Gäste das Gefühl bekommen dazuzugehören. Schauen wir uns einige Elemente der Liturgie einfach mal etwas genauer an.

Aufbau

Klassischerweise ist ein Gottesdienst (wie übrigens jede gute Veranstaltung) in vier Phasen aufgeteilt. 1. Eine Eröffnungsphase, in der man aus dem Alltag stimmig in der Gemeinschaft und im Geschehen ankommen kann. 2. Eine thematische Phase, in der man sich mit hoffentlich interessanten Inhalten auseinandersetzt. 3. Eine Erlebnisphase, in der diese Inhalte konkret gefeiert werden. Und 4. Eine Aussendungsphase, in der man aus dem gemeinsamen Geschehen wieder in den Alltag zurückkehrt. Gestärkt und motiviert.

In vielen Gottesdiensten passiert in der ersten Phase Folgendes: Im „Votum" („Im Namen des Vaters und des Sohnes und des Heiligen Geistes") wird der Gemeinde die Gegenwart Gottes in Gestalt eines Segens zugesprochen. Im Beten eines Psalms aus dem Alten Testament erinnert sie sich daran, dass Menschen seit Jahrtausenden Erfahrungen mit Gott machen. Im „Kyrie" („Herr, erbarme dich") gibt jeder das, was ihn belastet, an Gott ab, und im „Gloria" wird Gott für seine Güte und Gnade gelobt. In einem abschließenden „Kollektengebet" werden dann die Anliegen der Feiernden zusammengefasst.

Die dritte Phase soll dazu dienen, die Botschaft von der Nähe und Liebe Gottes nun selbst zu erleben. Meist geschieht das im Abendmahl, bei dem die Gemeinde miteinander Brot und Wein teilt. In Erinnerung an Jesus Christus, als Vergegenwärtigung seines Lebens, Sterbens und Auferstehens und um die Kraft Gottes zu empfangen (→ *Zehn wichtige Geschichten aus dem Neuen Testament*). Was beim Abendmahl genau passiert, interpretieren die einzelnen Konfessionen unterschiedlich (→ *Was man über die Konfessionen wissen sollte*). Entscheidend ist aber, dass die Glaubenden miteinander eine spirituelle Erfahrung machen. Sie „schmecken und sehen, wie freundlich der Herr ist". Das könnte allerdings auch in ganz anderer Weise gestaltet werden.

In der vierten Phase werden die Menschen mit Fürbitten, also mit „Gebeten für andere", und einem Segen wieder zurück in ihren Alltag geschickt. Der Segen ist der Zuspruch der Gegenwart Gottes, oft in der alttestamentlichen Form des „Aaronitischen Segens": „Der Herr segne dich und behüte dich. Er lasse sein Angesicht leuchten über dir und sei der gnädig. Der Herr erhebe sein Angesicht auf dich und schenke dir seinen Frieden" (*4. Mose 6,24–26*).

Lieder

Traditionell wird in evangelischen Gottesdiensten viel gesungen. Weil Singen der Seele guttut. Und weil Martin Luther selbst viele Kirchenlieder geschrieben hat; Lieder, deren Melodien oftmals von bekannten Gassenhauern seiner Zeit stammten. Der Reformator wollte dadurch geistliche Musik fördern, die dem Lebensgefühl der Menschen entspricht (➔ *Was man über die Bibel-Übersetzung wissen sollte*). Das in der Evangelischen Kirche von Deutschland gebräuchliche Gesangbuch ist das „EG" (das „Evangelische Gesangbuch"), das neben einem bundesweit gebräuchlichen „Stammteil" auch einen von Landeskirche zu Landeskirche variierenden „Regionalteil" hat. In dem sind die Lieblingslieder der jeweiligen Region gesammelt.

Klassischerweise wird im Gottesdienst zu Beginn ein Lied gesungen, dann jeweils vor und nach der Predigt sowie zum Ende. Außerdem wird der Gottesdienst mit Orgelspiel eingeleitet und beendet. Dazu kommen verschiedene Wechselgesänge, bei denen die Gemeinde auf bestimmte Elemente des Gottesdienstes mit einem gesungenen Vers antwortet. Die kann man einfach mal lernen – dann ist man nicht mehr so irritiert.

Für viele Menschen sind die im EG versammelten Lieder übrigens ein wunderbarer Schatz an Texten und Melodien. Andere dagegen halten beides für veraltet. Das ist meist weniger eine theologische

Frage als schlicht und einfach Geschmacksache. So wie sich die einen für die Orgel oder Posaunenchöre im Gottesdienst begeistern, während andere eine Band bevorzugen. Dennoch darf man nicht übersehen, dass das geistliche Liedschaffen mit der Sammlung des Gesangbuches keinesfalls beendet wurde. Gerade in den letzten Jahren sind viele wunderschöne neue geistliche Lieder entstanden, die es für den Gottesdienst zu entdecken gilt.

Gebete

Weil ein Gottesdienst sich auf Gott ausrichtet, wird darin natürlich auch immer wieder mit Gott gesprochen. In Gebeten (→ *Fünf praktische Tipps zum Beten*). Der Pfarrer betet und die Gemeinde betet. Mehrfach. So wie Jesus es vorgemacht hat. Sie beten im festen Vertrauen auf die Verheißung: „Worum ihr meinen Vater im rechten Glauben bitten werdet, das wird er euch erfüllen." Natürlich machen viele Christinnen und Christen die Erfahrung, dass es auch Gebete gibt, die nicht erhört werden. Gott ist nun mal keine Wunschmaschine. Dennoch gehört zum Glauben eine persönliche Hinwendung zu Gott.

Das bekannteste Gebet ist sicherlich das „Vaterunser", das normalerweise in jedem Gottesdienst gesprochen wird. Denn Jesus hat vor 2.000 Jahren gesagt: „So sollt ihr beten" (→ *Das Vaterunser*). Das Vaterunser wird meist nach den Fürbitten gesprochen, in denen die Gemeinde Anliegen für andere vor Gott bringt. In manchen Gemeinden wird man dabei in den letzten Jahren übrigens mutiger: Da betet nicht nur der Liturg stellvertretend für die Gemeinde die Fürbitten, da darf dann auch mal jeder persönlich sagen, was ihm auf dem Herzen liegt.

Gemeinsam gesprochen wird neben dem Vaterunser noch das Glaubensbekenntnis. Das ist kein Gebet im engeren Sinne, vereint aber die Gemeinde in einer gemeinsamen Botschaft: Wir glauben an

Gott, an Jesus Christus und an den Heiligen Geist (→ *Das Glaubensbekenntnis*). Meist geschieht dies in Form des „Apostolischen Glaubensbekenntnisses" (Apostolikum), das wahrscheinlich aus dem Jahr 200 stammt und zusammenzufassen versucht, woran Christen glauben. Es gibt aber noch viel mehr anerkannte Bekenntnisse – so dass das üblicherweise gesprochene „Apostolikum" immer öfter infrage gestellt wird. Einerseits wegen der Dinge, die es sagt („Jesus geboren von der Jungfrau Maria … hinabgestiegen in das Reich des Todes" usw.), andererseits wegen der Dinge, die es nicht sagt (Warum kommen darin eigentlich die Worte „Gnade", „Liebe" und „Trost" nicht vor?).

Predigt

Die Predigt steht für die meisten evangelischen Gemeinden weiterhin im Mittelpunkt des Gottesdienstes. In ihr setzt sich ein Prediger mit einem Bibeltext auseinander und versucht, dessen geistliche Botschaft in die Gegenwart zu übertragen. Normalerweise dauert so eine Predigt eine Viertelstunde – für die Konfirmanden sind es aber bisweilen gefühlte zehn Stunden.

In Deutschland gibt es übrigens für jeden Sonntag einen vorgeschlagenen Text – in der sogenannten „Perikopen-Reihe". Die sorgt in einem sechsjährigen Turnus dafür, dass alle wesentlichen Texte der Bibel in dieser Zeit einmal behandelt werden. Immer öfter entdecken Gemeinden aber, dass es sich lohnt, die manchmal etwas sperrigen Textstellen im Gemeindebrief mit verheißungsvollen Titeln anzukündigen, damit die Gemeinde auch weiß, was sie erwartet.

Kleine Randbemerkung: In afroamerikanischen Gemeinden ist es üblich, dass die Gemeinde an der Predigt aktiv beteiligt ist. Sie unterstützt den Prediger mit Applaus, mit Zustimmung oder Mitgefühl sowie mit motivierenden Zwischenrufen: „Yes, Sir!", „Say it!", „Halleluja!" oder „Amen!" Etwas, was einem in Deutschland selten begegnet.

Falls Sie mit der Predigtqualität in ihrer Gemeinde nicht zufrieden sind, probieren Sie das doch nächsten Sonntag mal aus. Rufen Sie leidenschaftlich in der Predigt dazwischen und feuern Sie Ihren Pfarrer an: „Ja, sag's uns!" Ich verspreche Ihnen: Es wird sich was ändern.

Abendmahl

Während die einen die Predigt für den Höhepunkt des Gottesdienstes halten, ist es für die anderen das Abendmahl: das Nach-, Wieder- und Miterleben des letzten Festessens von Jesus und seinen Jüngern, über dem bereits der Schatten der bevorstehenden Kreuzigung lag. Das biblische Abendmahl war also so etwas wie ein in die Zukunft weisendes Abschiedsessen, bei dem Jesus noch einmal einige wesentliche Aspekte seiner Botschaft bündelte: die Gemeinschaft, das Vertrauen auf die Gegenwart Gottes, die Nächstenliebe und das Teilhaben am Heil, das der Sohn Gottes in die Welt bringt. Wahrlich ein großer Augenblick.

In den meisten Gemeinden wird nicht mehr wöchentlich Abendmahl gefeiert, sondern nur noch einmal im Monat, obwohl dieser Brauch nach Martin Luther zu den beiden Sakramenten gehört, die auch in der evangelischen Kirche gepflegt werden (→ *Fünf Unterschiede zwischen Katholiken und Protestanten*). Kurz und knackig schreibt der Reformator: „Im Sakrament erfahren wir die Vergebung der Sünden und es wird uns Leben und Seligkeit gegeben." Wichtig ist das auch deshalb, weil das Abendmahl einer der wenigen sinnlichen Momente im evangelischen Gottesdienst ist (→ *Das Abendmahl*).

Ursprünglich tranken die Gemeindeglieder beim Abendmahl nacheinander Wein aus einem großen Kelch. Inzwischen hat man einerseits hygienische Bedenken bekommen, andererseits möchte man nicht die Menschen ausschließen, die keinen Alkohol trinken dürfen. Deshalb werden inzwischen in vielen Gemeinden kleine Einzelkelche gereicht, wahlweise mit Wein oder Saft. Und weil Jesus selbst darauf hinge-wiesen hat, dass der Wein für sein vergossenes Blut und das Brot für seinen Körper stehen, sagt der Austeilende dabei: „Christi Leib, für dich gegeben. Christi Blut, für dich vergossen." (Die korrekte Antwort darauf lautet übrigens: „Amen", nicht „Danke" oder „Prost".)

Was man über das Kirchenjahr wissen sollte

Das „Kirchenjahr" ist ein kirchlicher Jahresrhythmus, der gegenüber dem normalen Kalenderjahr ein wenig verschoben ist. Letztlich ver-steckt sich dahinter ein Festkalender, der die Wiederkehr der kirch-lichen Feiertage und der dazwischenliegenden Zeiten (beispielsweise der Fastenzeiten) beschreibt. Das Wort „Kirchenjahr" wurde von Schülern Luthers geprägt, die ein neues Bewusstsein für die Verbun-denheit der Gemeinde mit dem Kreislauf des Jahres schaffen woll-ten – nachdem Luther ja die vielen Heiligengedenktage abgeschafft hatte, die vorher den Jahreszyklus bestimmten (→ *Fünf Unterschiede zwischen Katholiken und Protestanten*).

Das Kirchenjahr beginnt offiziell am 1. Advent mit der Vorbe-reitung auf das Weihnachtsfest und endet im November mit dem „Totensonntag", der auch „Ewigkeitssonntag" genannt wird. Interes-sant ist dabei, dass es neben festen Terminen – wie Weihnachten oder Epiphanias („Erscheinung Gottes", am 6. Januar) – auch viele beweg-liche Festtage gibt. So wird etwa der Termin des Ostersonntags recht umständlich errechnet – abhängig davon, wie nah der Vollmond vom Frühlingsanfang entfernt liegt. Klingt kompliziert. Ist es auch.

Schön ist: In den letzten Jahren wird die Bedeutung des Kirchen-jahres in den protestantischen Kirchen neu entdeckt. Das hat einer-seits damit zu tun, dass manche verkopfte Gemeinde vor lauter klu-ger Theologie gar nicht mehr mitbekommen hat, dass draußen gerade

Frühling, Sommer, Herbst oder Winter war. Andererseits freuen sich viele Menschen an den dazugehörigen Farben. Den einzelnen Sonntagen des Kirchenjahres sind nämlich verschiedene Farben zugeordnet: Grün, Lila, Rot, Weiß oder Schwarz. Und wenn man dieses Farbenspiel bewusst gestaltet, wird es bunt. Im Gottesdienst – und im Leben. Schauen wir uns die wichtigsten Abschnitte des Kirchenjahres mal an:

Advent

„Advent" ist Lateinisch, heißt „Ankunft" und meint die Phase der Vorbereitung auf die Geburt von Jesus Christus (→ *Zehn wichtige Geschichten aus dem Neuen Testament*). Nachdem die Wochen vor Weihnachten schon früh eine Zeit der Buße und des Fastens waren, wurde im 11. Jahrhundert festgelegt, dass es vier Adventssonntage im Jahr geben soll. In der Reformation wurde die Fastenpflicht zwar aufgehoben, weiterhin gilt aber: Wer ein Fest (in diesem Fall Weihnachten) mit allen Sinnen genießen will, der tut gut daran, sich darauf vorzubereiten. Etwa mit Fasten oder Zur-Ruhe-Kommen. Nebenbei: Die Farbe der Fastenzeiten ist Lila.

Die meisten Familienbräuche, die wir heutzutage mit Advent verbinden, sind allerdings relativ jung. Sie stammen in der Regel aus dem 19. Jahrhundert und wurden von fürsorglichen Theologen erfunden: das gemeinsame Liedersingen, das Aufstellen von Adventskränzen oder die Entwicklung von Adventskalendern. Das Aufstellen von Weihnachtsbäumen oder das Anbringen blinkender Lichterketten und debil wirkender Kletter-Weihnachtsmänner aus Plastik ist dagegen gar nicht christlich besetzt. Das ist einfach volkstümliches Brauchtum.

Ach ja: Durch die Tatsache, dass der Festtag des heiligen Nikolaus, des Bischofs von Myra, in die Adventszeit fällt, kam es zu weiteren Irritationen. In Erinnerung an den freigiebigen Geistlichen aus dem 4. Jahrhundert beschenkte man seit dem Mittelalter Kinder an diesem Tag, dem 6. Dezember. Dabei wurde der mitschlurfende Gabenträger, Knecht Ruprecht, im Lauf der Zeit immer wichtiger. Noch 1535 beschenkte auch Luther seine Kinder am 6. Dezember – betonte aber später, dass das eigentliche Geschenk Gottes sein Sohn sei. So wanderte in Deutschland die Tradition der Bescherung nach und nach vom 6. auf den 24. bzw. 25. Dezember. Und als dann Coca-Cola dem Nikolaus einen knallroten Mantel verpasste, war das Chaos perfekt. Jetzt weiß niemand mehr, wer eigentlich wann die Geschenke bringt: Nikolaus, Knecht Ruprecht, der Weihnachtsmann, das Christkind – oder doch Onkel Schorsch in einer roten Verkleidung von Aldi?

Weihnachten

„Weihnachten" ist der deutsche Name für das Fest zur Geburt Jesu (→ *Zehn wichtige Geschichten aus dem Neuen Testament*). Ursprünglich bezieht sich der Name jedoch auf die „geweihten Nächte" um die Wintersonnenwende. Die wurden nämlich in vielen Religionen gefeiert. Und weil dieser Termin schon so spirituell aufgeladen war, legte man klugerweise die Geburtstagsfeier von Gottes Sohn genau dorthin – um den Sieg des Christentums über die heidnischen Kulte zu verdeutlichen. Im 6. Jahrhundert wurde der Weihnachtstag offiziell bestätigt.

Der eigentliche Weihnachts- und Festtag ist übrigens der 25. Dezember. Inzwischen hat sich aber eingebürgert, den „Heiligen Abend" (also den Abend vor der Geburt Christi) am 24. Dezember zum Feiern zu nutzen. Klassischerweise kommt dabei die Familie zusammen. Im Gottesdienst wird in einem Krippenspiel die Geschichte Jesu noch einmal nacherzählt (oder für die Älteren vorgelesen). Anschließend gibt es zu Hause für alle Geschenke und ein üppiges Essen, von dem man sich dann mehrere Tage erholen muss. Oder müsste. Denn meistens ist man ja gleich wieder bei irgendwelchen Verwandten eingeladen.

Die Botschaft von Weihnachten aber ist und bleibt ein weltbewegendes Ereignis: Gott selbst wird Mensch (in Gestalt seines Sohnes Jesus Christus), um ganz nah bei seinen geliebten Geschöpfen zu sein. Um zu leben wie sie, zu lachen wie sie, zu leiden wie sie und um ihnen von der Freundlichkeit Gottes vorzuschwärmen. Und weil Gott ganz Mensch sein will, kommt er nicht in einem Palast, sondern in einem schäbigen Stall zur Welt.

Ostern

In den ersten Gemeinden wurde eigentlich jede Woche Ostern gefeiert. Jeden Sonntag freute man sich darüber, dass Jesus nach der Kreuzigung an einem Sonntag vom Tod auferstanden ist. Doch weil die Bibel erzählt, dass das alles während eines jüdischen Passahfestes geschah, fingen einige Christen an, im Frühjahr noch ein „besonderes Osterfest" zu begehen. Daraus entwickelte sich dann ein ganzer Festzyklus.

Ja, letztlich gibt es beispielsweise auch Karneval (oder „Fasching", wie man in anderen Regionen sagt) nur, weil es Ostern gibt. Bevor die Gläubigen sich in einer siebenwöchigen Fastenzeit auf das Hauptereignis des christlichen Glaubens vorbereiten, wollen sie noch einmal so richtig feiern. Und mit dem Aschermittwoch beginnt dann eben die Phase, in der man bewusst auf manches verzichtet, um sich auf Ostern einzustimmen – so wie auch Jesus vor seinem ersten Auftreten vierzig Tage in die Wüste ging, um für die Aufgabe gerüstet zu sein. In den letzten Jahren entdecken übrigens immer mehr Menschen den Reiz von „7 Wochen ohne". Ganz gleich, ob sie auf Rauchen, Süßigkeiten, Schweinebraten oder Petersilie verzichten, sie machen die Erfahrung: Man lebt anders, wenn man sich selbst einige Zeit zurücknimmt.

Die eigentliche „Karwoche" (= Klagewoche) beginnt mit dem Palmsonntag, an dem man daran denkt, wie Jesus in Jerusalem ein-

zog (→ *Zehn wichtige Geschichten aus dem Neuen Testament*). Am „Grün-
donnerstag" feiert Jesus mit seinen Jüngern das letzte Abendmahl
(→ *Das Abendmahl*), am „Karfreitag" wird er verhört und hingerichtet
und am „Ostersonntag" entdecken einige Jüngerinnen, dass das Grab
leer ist. Der Sohn Gottes hat den Tod überwunden (→ *Was man über
Gnade wissen sollte*).

Pfingsten

„Pfingsten" (= „der 50. Tag", fünfzig Tage nach Ostern) ist das dritte
Hauptfest der Christen. Es erinnert an die Ausgießung des Heili-
gen Geistes und an die Gründung der Kirche. Die Wochen zwischen
Ostern und Pfingsten sind die größten Festwochen des Kirchenjah-
res, eine Freudenzeit, in der man leidenschaftlich die Gnade Gottes
(→ *Was man über Gnade wissen sollte*) und die Auferstehung feiern
kann. Nach vierzig Tagen Fröhlichkeit kommt jedoch erst mal der
„Himmelfahrtstag", an dem Jesus zu Gott zurückkehrte.

Die Pfingstgeschichte selbst erzählt, dass die zurückgelassene
Jüngerschar anfangs ziemlich unsicher ist, wie es nun weitergehen
sollte. Zudem hat sie Angst, wie Jesus von den Römern gefangen zu
werden. Da schickt Gott der Schar den Heiligen Geist: Mitten im Haus
weht auf einmal ein stürmischer Wind, Flammenzungen tauchen auf,
und die eben noch ängstlichen Frauen und Männer stürmen begeistert nach draußen, um aller Welt vorzuschwärmen, wie großartig der
neue Glaube ist. Dieser Moment gilt als eigentliche Geburtsstunde
der christlichen Gemeinschaft. Darum ist seine Farbe auch Rot wie
die Liebe.

Der Heilige Geist gehört in der protestantischen Kirche übrigens
zu den Gesellen, mit denen man sich ein wenig schwertut. Wahrscheinlich, weil ihn eben schon während der Reformation schwär-
merische Zeitgenossen für sich in Anspruch nahmen und all ihr Tun

mit dem Satz rechtfertigten: „Das hat mir der Heilige Geist gesagt" (→ *Fünf andere Reformatoren*). Gemeint ist mit dem Heiligen Geist aber erst mal die erfahrbare Kraft Gottes im Alltag. Und darum zu bitten, kann ja so falsch nicht sein.

Trinitatis

Im Spätmittelalter führte man den Sonntag nach Pfingsten als „Trinitatisfest" ein, also als Gedenkfeier für die „Dreieinigkeit Gottes". Obwohl dieser Tag für die Kirche keine hervorgehobene Bedeutung hat, benannte man in der Reformation die folgenden etwa 24 Sonntage, also das ganze anschließende halbe Jahr danach: „23. Sonntag nach Trinitatis" usw. Die Trinitatiszeit hat die Farbe Grün – spirituell ist da aber sonst nicht viel los. Man darf sich also was einfallen lassen.

Theologisch bedeutend ist dieses Fest trotzdem, weil es Menschen immer noch schwerfällt, die Dreieinigkeit zu verstehen. Wie kann das sein, dass ein Gott aus drei Wesen, Personen, Erscheinungsformen (oder wie immer man das nennen will) besteht? Spötter haben dem Christentum sogar vorgeworfen, es sei gar nicht mehr monotheistisch (= „einen Gott verehrend"), weil es ja mehrere Götter anbete: Gott, den Vater, Jesus, den Sohn, und den Heiligen Geist.

Um diesem Dilemma zu entgehen, hat die frühe Kirche den Gedanken von der Dreieinigkeit entwickelt. Das heißt: Vater, Sohn, und Geist gehören zusammen. Sie sind nicht unabhängig voneinander denkbar. Dennoch stehen sie für verschiedene Facetten Gottes, die wir anhand der drei Vorstellungsweisen besser verstehen können. Logisch ist das nicht. Aber das ist auch nicht so wichtig. Entscheidend ist: Wer nur den Vater, nur den Sohn oder nur den Geist in den Mittelpunkt stellt, dem fehlt etwas. Aller guten Dinge sind eben drei.

Was man über die Taufe wissen sollte

Die Taufe ist neben dem Abendmahl (→ *Das Abendmahl*) das zweite auch von den Protestanten anerkannte Sakrament (→ *Fünf Unterschiede zwischen Katholiken und Protestanten*). Sie wird in allen Kirchen gefeiert und steht in der Christenheit als Akt der Hingabe zu Gott. Dabei ist die Taufe zugleich ein begleitendes Ritual an einer Übergangsstelle des Lebens – entweder wenn ein Kind im Leben begrüßt und in die christliche Gemeinschaft aufgenommen wird oder wenn ein Erwachsener sich aus eigenem Entschluss zum christlichen Glauben bekennt.

Getauft wurde in der Christenheit von Anbeginn, weil Jesus selbst gesagt hatte: „Geht hin in alle Welt, erzählt von der Liebe Gottes und tauft die Menschen auf den Namen des Vaters, des Sohnes und des Heiligen Geistes" (*Matthäus 28,19–20*). In der Apostelgeschichte wird dann auch immer wieder erzählt, dass das tatsächlich passiert: dass Menschen sich von der Botschaft der Jünger begeistern lassen und sich entschließen, bewusst als Glaubende mit Gott zu leben. Diese bewegende Erfahrung wird meist durch die Taufe besiegelt.

Der Ursprung der christlichen Taufhandlung ist theologisch zwar nicht eindeutig geklärt, doch zumindest die Wurzeln sind klar: Erstens gibt es in fast allen Religionen den Brauch, sich vor dem Kontakt mit dem Göttlichen zu reinigen. Zweitens hat Johannes der Täufer (→ *Zehn wichtige Geschichten aus dem Neuen Testament*) die einmalige Taufe als Zeichen der Umkehr verkündet. Und drittens ließ Jesus sich taufen und war dabei noch einmal in aller Öffentlichkeit von Gott als sein Kind bezeichnet worden. Jesus übernimmt also vorhandene Rituale und deutet sie neu: „Johannes hat mit Wasser getauft, ihr aber sollt mit dem Heiligen Geist getauft werden" (*Lukas 3,16*).

Sinn

Voraussetzung für die Taufe ist der Glaube an Jesus Christus. Weil Gottes Liebe aber allen Menschen gilt, haben sich die meisten Kirchen entschieden, diese Liebe auch schon kleinen Kindern rituell zuzusprechen. Deren persönliches Bekenntnis wird dann in der Konfirmation nachgereicht (confirmare = „befestigen, bestätigen"). Entscheidend ist, dass dem Täufling etwas zugesagt wird, das er nicht beeinflussen kann, das aber für ein erfülltes Leben unverzichtbar ist: das Ja Gottes. „Du, Mensch, bist geliebt und gewollt."

Das Annehmen dieser Zusage Gottes verändert etwas im Leben eines Glaubenden. Er orientiert sich nicht mehr nur an seinen eigenen Interessen und Vorlieben, sondern an der Liebe Gottes und an Jesus Christus. Er weiß sich getragen und angenommen. Dieser Prozess wird als „Bekehrung", „Umkehr" oder „Lebenswende" bezeichnet. Der Apostel Paulus beschreibt seine Bekehrungserfahrung beispielsweise so: „Nun lebe nicht mehr ich, Christus lebt in mir." Und weil Gott dem Getauften treu bleibt, schickt er ihm seinen Heiligen Geist als Begleitung durchs Leben. Ein Christ vertraut also darauf: „Gott ist bei mir."

Darüber hinaus geschieht mit der Taufe die Aufnahme in die christliche Gemeinschaft. Verbunden durch das Bekenntnis zu Gott verstehen sich die Christinnen und Christen als große Familie, in der die einzelnen füreinander einstehen. Und Jesus selbst hat ja mehrfach darauf hingewiesen, dass das Miteinander der Glaubenden der beste Ort ist, um den Glauben zu entfalten.

Symbolik

Da die Taufe mit dem Gedanken der Umkehr verbunden ist, wird das Übergießen des Wassers als ein Symbol für die innere Reinigung verstanden, die ein Mensch erfährt, wenn er an Jesus Christus glaubt.

Der Täufling wird sozusagen „gesäubert", von der Sünde gereinigt. Mit Sünde ist in diesem Fall die von den Menschen selbst herbeigeführte Trennung von Gott gemeint (→ *Zehn wichtige Geschichten aus dem Alten Testament*). Und da in der Taufe die grenzenlose Nähe Gottes verkündigt (und bei Erwachsenen auch im Bekenntnis angenommen) wird, ist alles Trennende überwunden.

Außerdem verbindet der Täufling sein Leben mit dem Leben Jesu. Man versteht deshalb die Taufe auch als ein Nacherleben von Tod und Auferstehung (→ *Zehn wichtige Geschichten aus dem Neuen Testament*). Der Täufling erfährt symbolisch während seiner Taufe das Sterben seiner irdischen Ausrichtung und die Auferstehung des Geistlichen, sprich: der Hinwendung zu Gott. Das klingt alles ziemlich kompliziert. Und das ist es auch. Im Mittelpunkt steht aber die Botschaft: „Du kannst alles, was dein Leben schwer macht, bei Gott abgeben. Denn er liebt dich, wie du bist."

In den ersten Jahrhunderten war der Gedanke der Reinigung durch die Taufe so wichtig, dass die Menschen große Angst hatten, anschließend noch einmal einen Fehler zu begehen. Da war Glaube also nicht immer befreiend. Darum wies Luther nachdrücklich darauf hin, dass man auch nach der Taufe „simul justus et peccator", also „gleichzeitig ein von Gott Gerechtfertigter und sündigend ist". Der Unterschied ist: Nach der Taufe lebt ein Christ in der Gewissheit, dass Gott gnädig ist und ihm vergibt (→ *Was man über Gnade wissen sollte*).

Praxis

Klassischerweise wird in Gottesdiensten getauft – entweder in einem Sonntagsgottesdienst der Gemeinde oder in einem eigenen Taufgottesdienst. Beides ist legitim, allerdings fehlt natürlich in einem speziellen Kasualgottesdienst (= „Gottesdienst zu einem besonderen

Anlass") normalerweise die Gemeinde, in die der Täufling ja aufgenommen werden soll.

Während des Gottesdienstes wird erst das Glaubensbekenntnis gesprochen (→ *Das Glaubensbekenntnis*), damit deutlich wird, auf welchem Fundament die Taufe ruht. Dann stellt der Pfarrer dem Täufling (bzw. stellvertretend den Eltern und Paten) die Frage, ob er denn getauft werden möchte. Bei Erwachsenentaufen kann sich die Person auch entscheiden, ein eigenes Bekenntnis zu Gott zu formulieren. Anschließend beugt sich der Täufling über das Taufbecken und der Taufende lässt dreimal das Taufwasser über dessen Kopf laufen. Dazu spricht er die Worte: „Ich taufe dich im Namen des Vaters und des Sohnes und des Heiligen Geistes."

In vielen freien Gemeinden (→ *Was man über die Konfessionen wissen sollte*) werden nur Erwachsene getauft, weil man auf ihren selbstbestimmten Taufwillen Wert legt. Dort wird dann oftmals auch eine Ganzkörpertaufe vollzogen, sprich: Der Täufling erhält nach alter Tradition ein weißes Taufgewand und wird mit dem ganzen Körper untergetaucht. In einigen protestantischen Gemeinden wird dieser Brauch gerade neu entdeckt. Theologisch hält man sich aber an die sogenannte „Lehre der zwölf Apostel". Diese frühe christliche Schrift legt fest, dass das dreimalige Übergießen genauso gültig ist wie das Untertauchen.

Anmeldung

Wer sich oder sein Kind zur Taufe anmelden will, der kann einfach in seinem Gemeindebüro anrufen und einen Tauftermin vereinbaren. Es ist natürlich auch möglich, die Taufe in einer anderen Gemeinde durchführen zu lassen, dafür braucht man jedoch eine schriftliche Zustimmung des „eigenen" Pfarrers. Eine solche Zustimmung wird in der Regel erteilt. Kleine Randbemerkung: Eltern, die ihre Kinder taufen lassen wollen, müssen in einigen Landeskirchen nicht unbedingt selbst in der Kirche sein – in anderen schon (zumindest ein Elternteil). Obwohl das Kind ja nichts für seine Erzeuger kann. Wenn man eine Taufe wünscht, sollte man deshalb auf jeden Fall erst einmal in Ruhe mit dem zuständigen Pfarrer reden. Es findet sich immer eine Lösung.

Ist der Tauftermin geklärt, findet ein Taufgespräch statt, in dem der Taufende mit den Eltern oder dem Täufling in Ruhe den Ablauf bespricht und noch einmal die theologischen Hintergründe der Taufe erläutert. Er klärt auch, ob die Beteiligten Liedwünsche haben, ob eine Taufkerze in die Zeremonie eingebunden werden soll, ob Tante Hiltrud sich an den Fürbitten für das Kind beteiligen will und ob der Täufling anschließend vom Pfarrer durch die Gemeinde getragen werden darf. Schließlich will die ja sehen, wer jetzt zu ihrer Gemeinschaft gehört. (Erwachsene dürfen natürlich selbst laufen.)

Nach alter Tradition wird für einen Täufling immer auch ein Bibelvers ausgesucht, der „Taufvers", der dann als eine Art „persönlicher" Segen über dem Leben stehen kann. Im Internet finden sich dazu zahllose Sammlungen mit Vorschlägen. Es lohnt sich aber auch, sich ein bisschen Zeit zu nehmen und selbst mal in aller Ruhe die Bibel nach schönen Zusagen zu durchstöbern.

Paten

Bei erwachsenen Täuflingen geht man davon aus, dass sie wissen, warum sie diese Entscheidung gefällt haben. Kinder erhalten dagegen Paten, die die verantwortungsvolle Aufgabe übernehmen, dafür zu sorgen, dass die getauften Kleinen Gott und den Glauben auch kennenlernen. Denn nur so können sie ja später bewusst entscheiden, ob sie als Christen leben wollen oder nicht.

Weil die Paten zur religiösen Bildung beitragen sollen, müssen sie Kirchenmitglieder sein. Schließlich wäre es ein wenig absurd, wenn jemand das Amt eines Paten übernimmt, der selbst kein Interesse hat, zur Gemeinschaft der Glaubenden in der Kirche zu gehören. Allerdings gibt es hin und wieder gute Gründe, auch ein Nichtkirchenmitglied an der Taufe zu beteiligen. (Mancher ist ja nur aus der Kirche ausgetreten, weil er sich mit einem Pfarrer verkracht hat.) Darum haben einige Gemeinden das Amt des Taufzeugen eingeführt. Der erhält zwar keinen Patenschein, verspricht aber trotzdem, den Täufling zu begleiten.

Viele Jahrhunderte war es zudem Sitte, dass die Kinder bei ihren Patentanten oder Patenonkeln unterkamen, wenn den Eltern etwas zustieß. Das ist heute nicht mehr automatisch so. Wer möchte, dass sein Kind in einem Notfall von den Paten adoptiert werden darf, muss das bei einem Notar regeln lassen. Das Patenamt wird zwar meist bis zum Lebensende gepflegt – es endet aber von seiner Definition her mit der Konfirmation. Dann sind die Jugendlichen nämlich religionsmündig und entscheiden selbst, wie sie zu Gott stehen wollen.

Was man über die Konfirmation wissen sollte

Die Konfirmation ist eine feierliche Erneuerung des Taufgelübdes in einem Konfirmationsgottesdienst. Ihr geht ein intensiver Unterricht voraus. Im Konfirmandenunterricht lernen die Konfirmandinnen und Konfirmanden, was den christlichen Glauben auszeichnet und wozu sie Ja sagen, wenn sie als religionsmündige Teenager selbstbestimmt Christen sein wollen. Dabei gilt übrigens: Die Konfirmation ist eine typisch evangelische Erfindung.

Während der Reformation ärgerte sich Martin Luther nämlich sehr darüber, dass in der katholischen Kirche das Fest der Firmung als sakramentale Ergänzung (→ *Fünf Unterschiede zwischen Katholiken und Protestanten*) der Taufe verstanden wurde. So, als wäre die Taufe

nur ein erster Schritt. Für Protestanten gilt: Weil nach reformatorischem Verständnis in der Taufe das ganze Heil zugesprochen wird,
braucht sie keine Ergänzung. Im Gegenteil: Für Luther ist das ganze
Leben ein „Hineinkriechen in die Taufe". Der evangelische Theologe
Martin Bucer entwickelte trotzdem schon im 16. Jahrhundert ein
reformatorisches Fest der „Tauferinnerung", die Konfirmation, „damit man die Kinder, nachdem sie im christlichen Glauben so weit gelehrt, auf ihr eigenes Bekenntnis und Ergeben an Christum hin zu der
christlichen Gemeinde bestätigt".

Die Bibel selbst kennt so etwas wie Konfirmation gar nicht, auch
nicht den Gedanken Bucers, dass man die Konfirmation mit der erst-
maligen Teilnahme am Abendmahl verbinden sollte. Theologisch bedarf es einer Konfirmation deshalb nicht. Aus religionspädagogischer
Sicht ist ein solches Glaubensfest zum Beginn des Erwachsenwerdens
aber sehr sinnvoll. Zudem gehört zum Glauben nach christlichem
Verständnis nun einmal ein bewusster Entscheidungsschritt: „Ich
will Christ sein." In der Konfirmation kann er gewagt werden.

Sinn

Ob das hochpubertäre und spannungsgeladene Alter von 13 oder 14
Jahren wirklich ideal ist, um Jugendlichen die Schönheit des Glaubens nahezubringen – darüber wird seit langer Zeit gestritten. Nun,
zumindest hält man die hormongedopten Teenager für fähig, mündig
darüber zu entscheiden, wie sie mit der Liebe Gottes, die ihnen in der
Taufe zugesagt wurde, umgehen wollen. Damit der Freundschafts-
bund zwischen Gott und Mensch von beiden Seiten besiegelt wird.

Nebenbei: Da inzwischen in vielen Kirchengemeinden auch Kinder am Abendmahl teilnehmen dürfen, weicht die ursprüngliche Verbindung von Konfirmation und erstem Abendmahl immer mehr auf.
Das hat auch theologische Gründe. Während die Reformatoren noch

davon ausgingen, dass sich das spirituelle Geheimnis von „Brot und Wein" erst erschließt, wenn man die geistlichen Hintergründe kennt, betont man heute vermehrt den Ritualcharakter des gemeinsamen Abendmahls, dessen gemeinschaftlicher und sakramentaler Charakter (→ *Fünf Unterschiede zwischen Katholiken und Protestanten*) auch schon für Kinder erfahrbar sei.

Einige listige und ziemlich raffgierige Jugendliche haben natürlich erkannt, dass die Konfirmation auch ein lukratives Geschäft ist. Schließlich gibt es da von allen Bekannten und Verwandten üppige Geschenke. Oftmals so üppige, dass man – umgerechnet auf die Unterrichtseinheiten – sogar von einem recht guten Stundenlohn reden kann. Reifere Mädchen und Jungen dagegen verstehen, dass sie zum ersten Mal ganz ernst genommen werden. Man traut ihnen zu, eine lebenswichtige Entscheidung zu fällen. In einem Alter, in dem man höchstens Mofa fahren darf. Welch eine Hochachtung!

Unterricht

Normalerweise dauert der Konfirmandenunterricht ein Jahr. In vielen Gemeinden gibt es aber Vorkonfirmandengruppen, so dass sich die gemeinsame Zeit auch über zwei oder drei Jahre erstrecken kann. In dieser Zeit treffen sich die Konfirmanden meist einmal die Woche für 90 Minuten. Darüber hinaus fahren sie auf mehrere Freizeiten, in denen sie konzentrierter arbeiten und als Gemeinschaft zusammenwachsen können.

Entscheidend ist: In der Konfirmandenphase sollen die Jugendlichen mit den wichtigsten Gedanken, Lehren und Idealen des Christentums vertraut gemacht werden. Dazu gehören Themen wie: Gott, Jesus, Heiliger Geist, Kirche, Gottesdienst, Abendmahl, Gemeinschaft, Gebote, Glauben, Gnade, Hoffnung und Vertrauen. Einige zentrale Texte gelten dabei als so grundlegend, dass sie auswendig gelernt werden sollten: das Glaubensbekenntnis (→ *Das Glaubens-bekenntnis*), das Vaterunser (→ *Das Vaterunser*), der wunderschöne Psalm 23 oder einzelne Liedtexte. Nun: Die meisten Konfirmanden hassen Auswendiglernen. Ältere Menschen sind dagegen oftmals froh und dankbar, dass ihnen solche geistlichen Texte zu Lebensbegleitern wurden.

In vielen Gemeinden finden in der Phase des Konfirmandenunterrichts auch noch andere Angebote statt. Zum Beispiel Jugendgottesdienste, die die Jugendlichen nach ihrem eigenen Geschmack gestalten können (was meist bedeutet: ohne Orgel, Talar und Liturgie). Oder Praktika, in denen sie bestimmte Bereiche des Gemeindelebens näher kennenlernen können. Der Fantasie der Pfarrerinnen und Pfarrer sind da keine Grenzen gesetzt.

Praxis

Konfirmandenunterricht wird meist von Pfarrerinnen und Pfarrern gehalten, es können aber auch Jugendreferenten oder Gemeindepädagogen diese herausfordernde Aufgabe übernehmen. Sie bemühen sich in der Regel, die Zeit nicht nur mit inhaltlichen Einheiten zu füllen, sondern auch Gemeinschaftsphasen, Spiele, Erfahrungselemente, Kleingruppen oder kreative Ideen einzubinden. Ob das gelingt und allen Beteiligten Spaß macht, hat einerseits mit der pädagogischen Fähigkeit der Unterrichtenden zu tun, andererseits auch mit der Bereitschaft der „Konfis" (wie sie heute lässig genannt werden) mitzumachen.

Bis weit ins 20. Jahrhundert gab es am Ende der Konfirmandenzeit eine schwierige Prüfung, in der die Jugendlichen beweisen mussten, dass sie das Gelernte begriffen hatten. Wer durchfiel, wurde eben nicht konfirmiert. Oder so lange geprüft, bis ihm die richtigen Antworten aus den Ohren rauskamen. Inzwischen hat man erkannt, dass es Menschen gibt, die zwar alles über den Glauben wissen und trotzdem nicht glauben, während andere von der Liebe Jesu zutiefst ergriffen werden, auch wenn sie nicht wissen, wie das fünfte Gebot heißt. (Na? Wie heißt es?)

Deshalb wird die Prüfung heute in der Regel durch einen Vorstellungsgottesdienst ersetzt: An einem der Sonntage vor der Konfirmation feiern die Konfirmanden selbstverantwortlich einen Gottesdienst und zeigen dadurch, dass sie verstanden haben, worum es beim Glauben geht. Ob das „Ja" auf die Frage „Willst du konfirmiert werden?" dann ehrlich ist, wird nicht geprüft. Muss es auch nicht. Wer Gott und die Gemeinde – um es mal drastisch auszudrücken – in aller Öffentlichkeit belügen möchte, kann das tun. Er zeigt damit allerdings, dass er doch noch nicht ganz ernst zu nehmen ist.

Anmeldung

Üblicherweise werden junge, getaufte Kirchenmitglieder, die ins Konfirmandenalter kommen, von der örtlichen Kirchengemeinde persönlich angeschrieben und zum Unterricht eingeladen. Wer gerade einen Umzug hinter sich hat oder noch nicht getauft ist, kann sich aber gerne auch selbst im Gemeindebüro melden. Zudem ist es möglich, sich in einer Nachbargemeinde konfirmieren zu lassen, wenn etwa die beste Freundin dorthin geht. Dazu braucht man eine schriftliche Genehmigung des Ortspfarrers, die dieser normalerweise bereitwillig ausstellt.

Wer als Kind nicht getauft wurde, kann die Konfirmandenzeit auch nutzen, um den christlichen Glauben überhaupt erst einmal kennenzulernen. Er lässt sich gegebenenfalls bei der Konfirmation oder vorher taufen. Das ist überhaupt kein Problem. Wollte man es ganz genau nehmen, ist der Konfirmandenunterricht dann eigentlich ein „Taufvorbereitungsunterricht", wie er schon in der frühen Christenheit üblich war.

Klassischerweise beginnt der Unterricht kurz vor oder kurz nach den Sommerferien, so dass die Konfirmation dann im späten Frühjahr, meist im Mai, liegt. Vorher werden die Eltern zu einem Elternabend eingeladen, bei dem sie erfahren, was in den nächsten Monaten auf ihre Kinder zukommt. Und manchmal machen die Pfarrer den Eltern auch Mut, ihre „Schätze" dadurch zu unterstützen, dass sie selbst in die Kirche gehen. Schließlich fällt es Jugendlichen leichter, sich auf die Gemeinde einzulassen, wenn die Eltern nicht jeden Sonntagmorgen gähnend verkünden: „Geh du mal allein in den Gottesdienst!"

Feier

Seit Jahrhunderten gilt die Konfirmation als eines der wichtigen Feste im Leben, zu dem selbst entfernte Verwandte anreisen, bei dem gut gegessen und getrunken wird und das gern in großem Rahmen gefeiert wird. Das hat mit der Bedeutung der Entscheidung für den Glauben zu tun, aber auch mit der Tatsache, dass das Erwachsenwerden in der Pubertät ein entscheidender Lebenseinschnitt ist, den man bewusst begehen sollte. Deshalb ist es kein Wunder, dass selbst völlig atheistische Systeme – wie etwa der Sozialismus in der DDR – ähnliche Feiern gestaltet haben, die die Bedeutung dieses Alters zelebrierten.

Im Konfirmationsgottesdienst werden die Konfirmanden gefragt, ob sie konfirmiert werden wollen, sie nehmen gemeinsam das Abendmahl ein und sie werden einzeln eingesegnet. Dies geschieht, indem ihnen die Gnade und die Freundlichkeit Gottes noch einmal zugesprochen werden. Dazu knien oder stehen sie vor dem Altar und bekommen vom Pfarrer die Hände aufgelegt. Für viele ist dies ein sehr bewegender Moment.

Außerdem sucht sich jeder Konfirmand einen Konfirmationsspruch aus der Bibel aus. Das ist ein Vers, der etwas von dem ausdrückt, was dem Jugendlichen in diesem Jahr wichtig geworden ist, und der ihm hilft, in seinem Glauben weiter zu wachsen. Anschließend macht die Familie gefühlte 12.945 Fotos vor der Kirche, bevor es zum Essen und zum Geschenke-Öffnen geht. Und wenn alles gut lief, dann sieht man bei manchen auf den Fotos so ein eigenartiges Glitzern in den Augen. Bei denen nämlich, die während der Konfirmandenzeit wirklich erfahren und gespürt haben, dass es Gott gibt.

Was man über das Heiraten wissen sollte

Wenn zwei Menschen ein Leben lang zusammenbleiben wollen, dann beschließen sie meist zu heiraten. Diesen wagemutigen Entschluss wollen sie auch angemessen feiern: mit einem ausgelassenen Hochzeitsfest. Und weil viele Paare schon ahnen, dass es gar nicht so leicht ist, aus eigener Kraft die Macken des anderen dauerhaft zu ertragen, bitten sie in einem festlichen Hochzeitsgottesdienst um Gottes Segen für die Beziehung. Ein weiser Entschluss.

Lange Zeit war der Hochzeitsgottesdienst in der Kirche ein Zusatz, sprich: Pfarrer haben nur Paare getraut, die schon offiziell in einem Standesamt die Ehe geschlossen hatten. Vor kurzem wurde diese gesetzliche Regelung aufgehoben, so dass heute auch direkt in der Kirche geheiratet werden könnte. Dann allerdings ohne die Vorteile, die man als staatlich verheiratetes Paar so hat, wie z. B. bessere Steuerklassen. Die meisten Kirchen haben sich aber entschieden, bei der alten Regelung zu bleiben und Gottesdienste nur im Zusammenhang mit einer standesamtlichen Trauung durchzuführen.

Das wäre wohl auch im Sinne Martin Luthers, der immer wieder betonte, dass „die Ehe ein weltlich Ding" sei. Das hieß für ihn: Um Gottes Segen bitten kann jeder, egal ob Single, Paar oder Familie. Und dass zwei Menschen einen ewigen Bund eingehen wollen, ist erst einmal ihre Entscheidung – nicht Gottes. Die Sehnsucht der Paare, miteinander nicht ganz allein gelassen zu werden, war dann aber doch so groß, dass natürlich auch die evangelischen Kirchen eigene Hochzeitstraditionen entwickelten.

Formalia

Grundsätzlich kann jedes Paar in der evangelischen Kirche heiraten, bei dem mindestens ein Partner Mitglied der evangelischen Kirche ist. Es reicht also, wenn es einem von beiden wichtig ist, Gottes Segen zu erhalten. Dennoch ist es natürlich ratsam, dem anderen die kirchliche Feier nicht aufzuzwingen. Am schönsten ist es deshalb, wenn beide Beteiligte Lust haben, ihre Liebe von Gott „absegnen" zu lassen.

Etwas komplizierter wird es, wenn einer der Partner Mitglied der katholischen Kirche ist. Da Katholiken die Eheschließung ja als Sakrament ansehen (→ *Das Fünf Unterschiede zwischen Katholiken und Protestanten*), wird bei ihnen eine evangelische Trauung nur anerkannt, wenn sich der katholische Teil vorher einen sogenannten „Dispens" geholt hat, so eine Art „Du darfst einen Evangelen heiraten"-Genehmigung. Dazu muss er einen umfangreichen Fragebogen ausfüllen, in dem er unter anderem erklären muss, dass er zur Hochzeit nicht gezwungen wird, dass er nicht entführt wurde und dass er die gemeinsamen Kinder auf jeden Fall katholisch erziehen wird. Manchem erscheint das überholt. Bedenkt man aber, dass noch vor fünfzig Jahren Katholiken exkommuniziert wurden, wenn sie jemand aus der evangelischen Kirche heirateten, ist das schon ein gewaltiger Fortschritt.

Rein praktisch sieht das Prozedere für Trauwillige so aus: Das Paar meldet sich beim Pfarrer oder im Gemeindebüro und vereinbart dort einen Termin für die Hochzeit und für ein ausführliches Trauegespräch, in dem dann die Details des Traugottesdienstes in aller Ruhe besprochen werden können. Das Ganze ist übrigens normalerweise kostenfrei – schließlich zahlt ja mindestens einer der beiden Partner Kirchensteuer. Entschließen sich die Verliebten aber, nicht in ihrer Ortsgemeinde zu heiraten, dann brauchen sie ein sogenanntes „Dimissoriale" (= „Überweisung", wie beim Arzt) ihres zuständigen Pfarrers und müssen damit rechnen, dass die ausgewählte Kirche Gebühren für die Nutzung nimmt.

Traugespräch

Wie der Traugottesdienst abläuft, ist in der evangelischen Kirche nicht sklavisch festgelegt. Darum ist es gut, wenn sich der Pfarrer in einem Traugespräch mit dem Brautpaar zusammensetzt, um zu überlegen, was alles bei der Feier berücksichtigt werden soll, ob es bestimmte Wünsche bezüglich der musikalischen, liturgischen oder ästhetischen Gestaltung gibt und welche Freunde und Verwandte eventuell Lesungen oder Gebete übernehmen möchten. Nicht zuletzt wird geklärt, wie das Paar hereinkommen, wo es sitzen und ob es bei der Einsegnung knien will. Letzteres hängt oftmals von der Beschaffenheit des Brautkleides ab.

Zudem möchte der Trauende die beiden Heiratswilligen gerne besser kennenlernen: ihre Liebesgeschichte, ihre Träume, ihre Beziehungsideale und ihre Fragen und Ängste. Schließlich soll die Traupredigt zum Paar passen und auf seine individuelle Situation eingehen. Natürlich dürfen dabei auch Dinge erwähnt werden, die dem Pfarrer helfen, die beiden zu verstehen, auch wenn dies in der Predigt auf keinen Fall zur Sprache kommen darf. Zu solchen Details gehören meist überraschende Schwangerschaften, Ängste vor den Schwiegermüttern oder prägende Erfahrungen aus früheren Beziehungen.

Neben diesen eher privaten Details gibt es immer auch noch einige organisatorische Dinge zu besprechen. Etwa den dezenten Hinweis, dass man die Flecken von ausgestreuten und anschließend von hundert Leuten zertrampelten Blütenblättern nie wieder aus dem Sand-steinboden des denkmalgeschützten Kirchenbaus herausbekommt. Oder dass die Gemeinde ob ihres Engagements in der Dritten Welt bittet, keinen Reis zu werfen. Oder dass der Hausmeister gar nicht so böse ist, wie er tut.

Kirche

Unglücklicherweise sind die Vorstellungen von Hochzeitsgottes-diensten in Deutschland stark von amerikanischen Fernsehserien geprägt. Deshalb weisen Theologen gern darauf hin, dass es zum Bei-spiel in Deutschland nicht üblich ist, dass der Vater der Braut seine Tochter zum Altar führt. Denn: Dieser Brauch stammt aus einer Zeit, in der Frauen als Gegenstände betrachtet wurden, die vom Vater in den Besitz des Schwiegersohnes übergehen. Schließlich hatte der ja dafür bezahlt. Nun: Wer's trotzdem macht, sollte wenigstens wissen, was er tut.

In Amerika wird auch gerne im Garten, auf Hochhäusern oder an Stränden gefeiert. In Deutschland finden Traugottesdienste dagegen immer in Kirchen statt – auch wenn diese theologisch klare Regelung inzwischen gelegentlich übertreten wird. Übrigens: Üblicherweise gibt es in Traugottesdiensten (wie in jedem Gottesdienst) Lieder, Le-sungen, Gebete und eine Predigt. Diese Elemente können aber sehr kreativ und bunt gestaltet werden. Das Paar ist also aufgefordert, seine Ideen einzubringen.

Es gibt aber auch Dinge, die ganz anders als in anderen Gottes-diensten sind: Das Paar zieht mit dem Pfarrer ein, die Gemeinde steht dazu auf, das „junge Glück" sitzt meist im Altarraum, alles dreht sich um die beiden Verliebten und ihren Wunsch nach Gottes Segen, die Sitzreihen sind mit Blumen geschmückt und – es gibt natürlich eine Trauzeremonie.

Trauung

Zur Trauzeremonie gehört immer eine klassische Traufrage: „Willst du, Jeanette-Sophie, den hier anwesenden Kevin heiraten und ihm treu sein, bis dass der Tod euch scheidet, so antworte mit Ja." Das sollte die Braut dann auch tun: „Ja!" Wobei ich gar nicht genau weiß, was in Deutschland eigentlich passieren würde, wenn sie es nicht täte. Standesamtlich sind die beiden dann ja in der Regel schon verheiratet (was in Amerika nicht so ist). Übrigens haben viele Theologen den etwas morbiden Satzteil „bis dass der Tod euch scheidet" inzwischen durch „solange ihr lebt" ersetzt – gemeint ist aber dasselbe.

In einigen Kirchen ist es auch üblich, dass sich die beiden Partner gegenseitig ein Trauversprechen geben: „Lieber Kevin, ich will dich lieben und achten ..." Das kann mit vorgegebenen Formulierungen passieren, schöner ist aber noch, wenn sich das Paar gemeinsam Gedanken macht, was es einander eigentlich verspricht und wofür es den göttlichen Segen erbitten möchte. Insofern kann und darf hier frei miteinander nach den richtigen Worten gesucht werden. Aber: Das Trauversprechen sollte deutlich machen, dass die Verbindung auf Dauer angelegt ist und dass das Paar auf den Beistand Gottes vertraut.

Nach dem Trauversprechen und/oder den Traufragen kommt der Segen. Dazu legt der Pfarrer dem Paar die Hände auf und spricht ihnen Gottes Schutz und Beistand zu. Anschließend stecken die beiden nun auch vor Gott Verheirateten einander die Eheringe an – und dürfen sich küssen. Wenn sie denn wollen. Sie müssen nicht.

Trauspruch

Wie auch bei der Taufe (→ *Was man über die Taufe wissen sollte*) und bei der Konfirmation (→ *Was man über die Konfirmation wissen sollte*) sucht sich ein Paar vor der Trauung einen Trauspruch aus der Bibel aus, über den der Pfarrer dann im Traugottesdienst predigt und der etwas über die Hoffnungen und Sehnsüchte der beiden Verliebten aussagen sollte. Wenn keinem der beiden etwas Passendes einfällt, kann auch ein Trauzeuge oder der Ortstheologe um Rat gefragt werden.

Nebenbei: Viele Paare ahnen gar nicht, wie viele wunderschöne Sätze über die Liebe in der Bibel stehen. Diese haben zwar oftmals mit der Liebe zwischen Mensch und Gott zu tun – einmal sogar mit der Liebe zur Schwiegermutter (im Buch Rut: „Wo du hingehen willst, da will ich auch hingehen." *1,16 f.*), lassen sich aber meist problemlos auf partnerschaftliche Beziehungen übertragen. Der 1. Johannesbrief verkündet sogar: „Gott ist die Liebe" (*4,8.16*), so dass das Bewegende der menschlichen Gefühle existenziell mit dem Schöpfer in Verbindung gebracht wird.

Entscheidend ist bei alldem: Wenn zwei Verliebte bei ihrer Hochzeit mit Hilfe eines Trauspruches zugesagt bekommen, dass Gott mit ihnen unterwegs sein möchte, dann weist dieses Miteinander über das Paar hinaus. Sie sind nicht auf sich selbst zurückgeworfen, sondern eingebunden in Gottes Dimension des Lebens. Das hilft manchmal, sich nicht nur um sich selbst zu drehen und dadurch die Ehe klug, gelassen und heiter anzugehen.

Zu glauben, dass Christus für die Menschen gestorben sei, nützt gar nichts, wenn man nicht glaubt, einer von diesen zu sein. — Martin Luther —

Glaube konkret

Das Interessante am evangelischen Glauben, ja, sogar am Glauben schlechthin, ist: Man kann darüber alles wissen – und trotzdem nichts verstanden haben. Wirklich! Es gibt Menschen, die kennen sich unfassbar gut mit allen Details der Kirche (→ *Fünf Fakten über die Protestanten in Deutschland*), der Religion, der Bibel (→ *Martin Luther und die Bibel*), der Reformation (→ *Was man über die Reformation wissen sollte*), der Geschichte Jesu (→ *Zehn wichtige Geschichten aus dem Neuen Testament*) und den Ritualen des Glaubens (→ *Der evangelische Gottesdienst*) aus – und haben das Wesentliche doch nicht begriffen.

Warum? Nun, weil es eben Lebensbereiche gibt, in denen es gar nicht so sehr ums Wissen geht. Ein Beispiel: Wie es ist, einen Menschen zu küssen, das muss man ausprobieren. Das kann man nicht in Büchern nachlesen. Da helfen keine Statistiken, keine Erlebnisberichte und keine „Beweise". Na gut, man kann sich intensiv über Lippenstellungen, Zungentechniken, Geschmacksnuancen und Herpesinfektionsrisiken informieren, aber – mal unter uns – das alles bleibt hohl und leer, wenn man keine eigenen Kuss-Erfahrungen gemacht hat. Entscheidend ist, dass man irgendwann selbst einen geliebten Menschen im Arm hat und mit ihm zärtlich das Küssen entdeckt. Sprich: Küssen ist nicht etwas zum Studieren, sondern zum Ausprobieren.

Genau das Gleiche gilt für die Liebe – und ganz besonders für den Glauben. Im Neuen Testament steht der schöne Satz „Wenn ich alle

Geheimnisse ergründet hätte und alles wüsste, was es zu wissen gibt, und dabei keine Liebe in mir hätte, dann wäre ich nichts" (*1. Korintherbrief 13,2*). Ich bin überzeugt, dass das stimmt. Gerade beim Glauben fängt das Wesentliche dort an, wo man es probiert. Natürlich braucht man dazu auch Wissen – deshalb gibt es ja Bücher wie dieses – aber erst beim Umsetzen wird der Glaube real. Im Grunde kann man sagen: Die Zusagen Gottes an den Menschen sind wie ein Scheck. Den bekommen wir ausgestellt. Und es wäre doch ziemlich clever, diesen Scheck auch einzulösen – und ihn nicht vergammeln zu lassen. Die nächsten Seiten wollen ein wenig andeuten, worauf es beim konkreten Glauben ankommt. Quasi als Starthilfe.

Fünf anregende Gründe für das Christentum

Wenn es stimmt, dass man das Nachdenken über den Glauben nicht mit dem Glauben selbst verwechseln darf, weil es dabei um ein echtes Miteinander zwischen Gott und Mensch geht, dann ist es auch legitim zu fragen, was denn der Mensch davon hat. Also zu überlegen: Warum ist es so schön zu glauben? Was ist der Gewinn für die Glaubenden? Und was hat sich Gott dabei gedacht, als er die Menschen einlud, an ihn zu glauben? Denn das tut er – bis heute. Ja, Gott zwingt niemanden, er lädt ein. Wie ein Gentleman. Weil man Liebe eben nicht befehlen kann.

Deswegen ist auch die Vorstellung mancher „Frommen" so merkwürdig, Gott hätte eine Krämerseele und würde nach dem Motto handeln: „Nur wenn du dich anständig benimmst, bekommst du einen Logenplatz im Himmel." Was für ein Quatsch. Das wäre so, als würde ein Mann zu einer Frau sagen: „Wenn du mich nicht liebst, dann quäle ich dich." Gott ist doch kein Erpresser, er ist ein Liebhaber. Er hat die Menschen lieb. Und aus Liebe möchte er mit ihnen eine Beziehung eingehen. Und natürlich freut er sich, wenn seine Liebe erwidert wird. Mit ganzem Herzen, mit ganzer Seele und mit aller Kraft.

Gott sagt den Menschen begeistert zu, dass sie, wenn sie sich auf diese Liebesbeziehung zu ihm einlassen, tatsächlich ein anderes, ein erfüllteres und ein heileres Leben entdecken können. Nicht unbedingt mit weniger Schicksalsschlägen oder Krankheiten, aber mit mehr Trost, Halt und Geborgenheit. Und mit der Sehnsucht, das eigene Dasein den himmlischen Idealen anzupassen. Denn natürlich macht es einen Unterschied, wie wir leben. Wir können über Leichen gehen oder liebevoll die Welt verändern. Und je nachdem, wie wir uns entscheiden, stellen wir Weichen in unserer Persönlichkeit.

Das Eintauchen in die Liebe

Die Bibel verkündet von der ersten bis zur letzten Seite, dass Gott sich etwas dabei gedacht hat, als er den Menschen schuf. Und das galt nicht nur für Adam und Eva (→ *Zehn wichtige Geschichten aus dem Alten Testament*), das gilt für jede Frau und jeden Mann. Auch im 21. Jahrhundert. Nur: Wenn das stimmt, dass Gott Sie, Dich und mich aus gutem Grund auf diese erstaunliche Erde gesetzt hat, dann wäre es doch klug herauszufinden, was er sich dabei eigentlich gedacht hat.

Der erste anregende Grund für das Christentum ist deshalb, dass es uns hilft, die Sinnfrage zu beantworten. Warum sind wir hier? Was soll das alles? Und: Woran erkennen wir, welche Wege für uns wirklich gut und richtig sind? Denn eines ist klar: Ein Mensch, der weiß, wofür er lebt, ist auf jeden Fall zufriedener als einer, der sein Dasein letztlich für sinnlos hält. Und das hat – wie oben schon erwähnt – viel mit Selbstwertgefühl zu tun. Wenn ich spüre, dass ich gewollt bin und Gott mich unfassbar liebt, dann erkenne ich auch, welchen Wert ich habe. Dagegen wird jemand, der sich für das Zufallsprodukt einer willkürlichen Natur hält, damit wesentlich größere Schwierigkeiten haben.

Es ist eine aufregende Aufgabe, mit Gottes Hilfe zu entdecken, wozu man auf dieser Erde ist. Doch auch wenn diese Frage letztlich für jede und jeden individuell beantwortet werden muss, gibt es natürlich verschiedene Hinweise, die eine Richtung andeuten: Jeder Mensch kann auf seine Weise und an seinem Ort dazu beitragen, dass die Welt ein Stück lebenswerter wird. Die Bibel nennt das schlicht: „das Reich Gottes" voranbringen.

Der Umgang mit Schuld

Das, was Martin Luther (→ *Martin Luther und seine Welt*) ganz instinktiv spürte, dass er nämlich den hehren Ansprüchen Gottes ans Leben niemals würde genügen können, ist ebenfalls eines der großen Themen des Glaubens. Jeder Mensch sieht sich tagein, tagaus mit enormen Ansprüchen konfrontiert, den eigenen, denen der anderen und denen Gottes – und er erkennt bald, dass er es niemals hinbekommen wird, allen gerecht zu werden, geschweige denn fehlerfrei zu leben. Ich meine: Wer schafft das schon? Wir werden alle immer wieder schuldig. Und dieser Grundzug des Schuldig-Werdens (die Bibel nennt das Phänomen „Sünde") ist irgendwie wie ein garstiger Graben zwischen Gott und den Menschen.

Viel zu lange glaubten die Leute ernsthaft, sie müssten sich nur mehr anstrengen, um diese Kluft zu überwinden. Sie müssten quasi selbst ein bisschen „göttlich" werden, um dann Gott ganz nah sein zu können. Doch Gott sieht im Lauf der Jahrhunderte immer deutlicher, dass das nicht funktioniert und wählt schließlich den umgekehrten Weg: Er wird selbst Mensch in Jesus Christus (→ *Zehn wichtige Geschichten aus dem Neuen Testament*). Er überwindet die störende Kluft. Das heißt: In Jesus Christus gibt es eine vollständige Versöhnung zwischen Himmel und Erde. Weil er alles, was da jemals zwischen Gott und den Menschen gestanden haben könnte, am Kreuz auf sich nimmt.

Der zweite anregende Grund für das Christentum ist deshalb die Erfahrung, dass Christinnen und Christen in der Regel viel besser mit Scheitern, Versagen und Fehlern umgehen können. Sie wissen, dass sie nicht perfekt sind – und dass sie es auch nicht sein müssen, weil ihnen vergeben wird. Sie leben von der Gnade Gottes. Das nimmt so manche Last von den Schultern. Klar: Einer, der weiß, dass Gott mit ihm gnädig ist, kann auch mit sich selbst und anderen gnädig sein. Und erstaunlicherweise gehen diejenigen, die nicht krampfhaft versuchen, immer alles richtig zu machen, auch viel entspannter daran, die Welt zu verändern.

Der Blick in die Ewigkeit

Ich sag es offen: Keiner weiß so ganz genau, was nach dem Tod passiert. Und alle, die behaupten, sie wüssten es, sind Spekulanten. Selbst die Bibel hält sich, was die Details der Nachwelt angeht, eher bedeckt. Nur in einem ist sie ganz konkret: in der Hoffnung. Sie sagt nämlich klipp und klar: Ein Mensch, der durch Jesus Christus die Liebe Gottes erfahren hat, braucht vor dem Tod keine Angst zu haben. Jesus hat durch seine Auferstehung (→ *Zehn wichtige Geschichten aus dem Neuen Testament*) gezeigt, dass der Tod bei Gott nicht das letzte Wort hat – und das gilt für alle, die an ihn glauben, ganz genauso.

Der dritte anregende Grund für das Christentum ist deshalb die Tatsache, dass Menschen, die den Tod nicht fürchten, befreit leben. Gelassener. Und hoffnungsvoller. Jesus macht seinen Anhängern unmissverständlich deutlich, dass mit dem Tod noch lange nicht Schluss ist. Dass es danach weitergeht. Und wie! Letztlich sagt er allen, die ihm vertrauen, nicht nur das ewige Leben, sondern auch eine leibliche Auferstehung zu. Wann das sein und wie das aussehen wird? Also, darüber haben schon die Urchristen diskutiert. Ohne echtes Ergebnis. Macht aber nichts. Weil allein das Vertrauen, dass da noch etwas Wunderschönes kommt, das Hier und Jetzt positiv beeinflusst. Nebenbei: Die Dimensionen Gottes sind ohnehin größer als unsere Vorstellungskraft. Offen gesagt: Ich scheitere schon daran, mir das Weltall vorzustellen. Immer, wenn mir ein netter Physiker erklärt, das Weltall sei endlich, denke ich: „Ja, und was ist dann außen rum?" Sprich: Wenn unser Verstand schon an der „Endlichkeit" oder der „Unendlichkeit" des Raums scheitert, dann brauchen wir uns kaum zu wundern, dass wir Gott nicht durchschauen.

Die Weite des Horizonts

Ein Mensch, der Gottes Nähe erfährt, sich über den Sinn seines Daseins Gedanken macht und bisweilen vorausschauend schon die Ewigkeit wahrnimmt, entgeht vor allem einer Gefahr: Er dreht sich nicht andauernd um sich selbst. Gott sei Dank. So jemand sieht sich ganz entspannt als Teil eines größeren Ganzen, als Teil der wundervollen Geschichte Gottes mit dieser Welt. Einer Geschichte, die schon vor Jahrtausenden anfing und die sich sicherlich auch noch nach uns intensiv weiterentwickeln wird.

Ein derartiges Bewusstsein für die großen Zusammenhänge sorgt auch dafür, dass wir die Dinge unbeschwert angehen können. Wir müssen zum Beispiel nicht die Welt retten. Die hat Jesus schon gerettet. Natürlich gibt es unfassbar viel zu tun – von der Ökologie über die Klimawende und die Gerechtigkeit bis hin zur Nachhaltigkeit – und jeder Glaubende wird leidenschaftlich dafür eintreten, dass unser Planet und unsere Gesellschaft sich positiv entwickeln. Aber dabei wird er von Hoffnung motiviert sein und nicht von Angst getrieben. Und er wird intensiv versuchen, an den Einstellungen der Menschen zu arbeiten, nicht nur an konkreten Phänomenen. Diese veränderte Wahrnehmung der großen Zusammenhänge ist der vierte anregende Grund für das Christentum.

Der Wechsel von einer Ich-orientierten zu einer Gott-orientier-ten Lebensperspektive beschäftigt übrigens viele biblische Autoren. Allerdings benutzen sie recht unterschiedliche Bilder, um diese be-glückende Erfahrung zu beschreiben. Jesus selbst benutzt einmal das Bild einer „Wiedergeburt". Wer anfängt, die Welt mit Gottes Augen zu sehen, der fühlt sich, als wäre er neugeboren. In manchen Krei-sen heißt dieser Moment, in dem sich jemand zu Gott bekennt, ganz schlicht „Bekehrung" (→ *Was man über die Taufe wissen sollte*).

Die Kraft der Geborgenheit

Letztlich geht es bei fast allen Themen der Lebensgestaltung um die freche Frage: Was ist mir wirklich wichtig? Darum hat Martin Luther ja so charmant gesagt: „Woran dein Herz hängt, das ist dein Gott" (→ *Zehn wichtige Sätze Luthers*). Sprich: Jeder Mensch hat etwas, das ihn leitet und seine Entscheidungen beeinflusst. Sei es der Wunsch, anerkannt zu werden, erfolgreich zu sein oder seine Familie zu schüt-zen. Deshalb ist es so entscheidend, dass wir uns bewusst machen, woran unser Herz eigentlich hängt. Woran wir „glauben". Kurz: Wir glauben alle an irgendwas. Nur müssen wir herausfinden: Ist es das oder der Richtige?

Jesus wagt zu diesem Thema in der Bergpredigt einen ziemlich mutigen Satz. Er sagt: „Hängt euer Herz an Gott und an sein Reich – dann werdet ihr erleben, dass ihr alles andere bekommt, was ihr zum Leben braucht" (*Matthäus 6,33*). Verrückt, oder? Ein Mensch be-kommt also alles, was er braucht, wenn er sich an Gott hält? Stimmt das? Nun, es ist eine herausfordernde Aussage. Und wieder geht es um den gerade erwähnten Perspektivenwechsel: Sorge dich nicht so viel um Geld, Kleidung, Essen und so weiter. Richte deine ganze Ener-gie darauf, dass die Liebe Gottes sich ausbreitet. Dann wirst du erle-ben, dass du nicht zu kurz kommst.

Und da zeigt sich, dass hinter der Frage „Was ist mir wichtig?" eigentlich eine ganz andere Frage steckt. Nämlich: „Was trägt mich durchs Leben?" Der fünfte anregende Grund für das Christentum ist daher die Erfahrung, dass der Glaube an Gott durchs Leben tragen kann. Weil Christinnen und Christen ein starkes Fundament haben, auf das sie bauen: die Gewissheit, dass sie bei allem, was ihnen zustößt, nicht tiefer fallen können als in Gottes Hand. Das schenkt die Kraft der Geborgenheit.

Fünf praktische Tipps zum Glauben

Viele Menschen kennen die Sehnsucht nach einer leidenschaftlichen Spiritualität – und tun sich zugleich sehr schwer damit. Denn auch wenn man die Vorteile des Christentums für überzeugend hält, gilt es zu klären: Was heißt nun eigentlich „Glauben"? Ja, was meint man, wenn man sagt: „Dieser oder jene ist ein gläubiger Mensch"? Ein spannendes Thema. Fangen wir ganz einfach an: Der Begriff „Glauben" kommt aus dem Germanischen und meint ursprünglich „für lieb halten". Glaubende halten etwas „für lieb, gut, richtig". Eine andere Facette hat das griechische Wort (pistis). Es bedeutet nämlich „Vertrauen". Wer glaubt, der ist bereit zu vertrauen. Einer Gottheit, einer Idee, einer Ideologie oder einem Menschen. Religiöse Menschen (lat. religere = „sich zurückbinden an, festmachen an") binden ihr Dasein an einen Gott, dem sie vertrauen.

Nun ist Vertrauen natürlich keine berechenbare Größe und auch nicht unbedingt mit dem Verstand zu begreifen. Da spielt vieles zusammen: Erfahrung, Gefühl, Wagemut, Freude und Hoffnung. Und das heißt: Man wird Gott wohl niemals im wissenschaftlichen Sinn beweisen können. Er wollte ja gerade deshalb in der Person Jesu Mensch werden, damit die Menschen ihm endlich in einer ihnen verständlichen Form begegnen können. Trotzdem ist es sinnvoll, über Gott intensiv und auch kritisch nachzudenken, Glaube meint aber nicht nur verstehen, er kann, darf und soll die ganze Existenz erfassen.

Die Bibel wählt deshalb immer wieder das Bild einer Beziehung zwischen Gott und Mensch (→ *Fünf anregende Gründe für das Christentum*), um deutlich zu machen, was Glaube bedeutet. Sinngemäß sagt sie: „Überlege dir, was eine richtig glückliche Liebesbeziehung zwischen Menschen ausmacht – und versuche dann, diese Werte und Erfahrungen auf Gott und dich zu übertragen." Denn: Was heißt lieben? Sich einlassen. Das Miteinander wagen. Gott lieben. Sich selbst lieben. Und: Die Mitmenschen lieben. Liebe ist dabei nach biblischem Verständnis ein echtes Tu-Wort. Die Liebe Gottes, die der Mensch von Gott erfährt, soll er erwidern und weitergeben, weil das das Dasein aller Beteiligten positiv verändert. Nun, was heißt das konkret?

Augen aufmachen

Schon der Apostel Paulus (→ *Zehn wichtige Geschichten aus dem Neuen Testament*) war sich sicher, dass die Wahrnehmung Gottes letztlich eine Frage der Perspektive ist. In seinem Brief an die Gemeinde in Rom schreibt der erste christliche Theologe prägnant: „Gott hat den Menschen alles zugänglich gemacht, was nötig ist, um ihn zu entdecken. Seine ewige Macht und seine Göttlichkeit sind zwar unsichtbar, aber an der Schöpfung und an allem, was er tut, kann man ihn erkennen, wenn man wirklich will. Die Menschen können sich also nicht herausreden, man hätte ihnen nichts von Gott gesagt" (*Römer 1,19 f.*).

Ein kluger Denker hat daraufhin vorgeschlagen, man möge doch einfach mal „leben, als ob Gott wäre". Ein äußerst inspirierender Vorschlag. Denn tatsächlich macht es einen großen Unterschied, ob man die Natur um sich herum für biologische Zellmasse hält oder ob man dahinter einen liebenden Schöpfer sieht. Ob man „glückliche Umstände" in die Kategorie „Zufall" einordnet oder ob man den bewahrenden Beistand Gottes in Betracht zieht. Ob man sich ganz auf die eigene Persönlichkeit konzentriert oder ob man sich als Teil einer von Gott geliebten Weltgemeinschaft empfindet.

Dahinter steckt die alte Erkenntnis, dass wir alle immer nur das mitbekommen, was wir mitbekommen wollen. Oder was uns gerade interessiert. So wie jemand, der sich gerade ein neues Auto gekauft hat, plötzlich ganz verblüfft feststellt, dass just von seinem Modell ganz viele herumfahren. Und das nur, weil er jetzt „Augen dafür" hat. So wie es eben auch sein kann, dass ein Mensch, den wir jahrelang kaum beachtet haben, auf einmal die ganze Welt für uns wird. Weil wir uns in ihn verliebt haben. Glauben heißt deshalb auch: sich in Gott verlieben und seine Spuren entdecken.

Dazulernen

Eines war Martin Luther unendlich wichtig: Glauben ist ein Prozess. Und zwar ein unabgeschlossener. Zeit ihres Lebens entwickeln sich glaubende Menschen weiter. Zumindest sollte es so sein. Tatsache ist aber leider, dass sehr viele Christinnen und Christen irgendwann einmal in jungen Jahren die biblischen Geschichten erzählt bekommen und bei dem darauf basierenden Glauben stehenbleiben. Mit zwanzig, dreißig oder vierzig Jahren stellen sie dann verwundert fest, dass der Kleinkinderglaube sie nicht mehr trägt. Na, das ist ja eine echte Überraschung!

Jemand hat deshalb einmal sehr weise gesagt: „Glauben ist wie Rudern gegen den Strom. Wenn man aufhört zu rudern, treibt man zurück." Und hoffentlich sieht der Glaube eines 40-Jährigen anders aus als der einer Zwölfjährigen. Fester. Kräftiger. Durchdachter. Wir verändern uns als Persönlichkeiten, und unsere Fragen ans Leben verändern sich. Darum muss auch unser Glaube mit uns wachsen und reifen.

Konkret heißt das: Wer eine lebendige Spiritualität entfalten will, der braucht immer auch Futter. Feste Nahrung, die ihm hilft, seine Beziehung zu Gott und sein geistliches Leben weiterzuentwickeln. Hilfreich ist dabei natürlich die Lektüre der Bibel (→ *Was man über das Bibellesen wissen sollte*), aber auch theologische Bücher, Kommentare oder natürlich der Besuch von lebensrelevanten Gottesdiensten tragen viel zum geistlichen Reifen bei (→ *Was man über den Gottesdienst wissen sollte*).

Diskutieren

Am besten entwickelt sich Glauben oftmals im Gespräch. Wenn man sich an den Meinungen anderer reibt. Wenn man sich mit den unterschiedlichen Erfahrungen von Christinnen und Christen auseinandersetzt. Wenn man lernt, die eigenen Fragen und Erkenntnisse zu formulieren. Denn das fällt vielen Menschen unglaublich schwer. Angeblich ist kaum ein Glaubender in der Lage, einfach mal in kurzen Sätzen zu formulieren, was und woran er eigentlich glaubt. Probieren Sie das doch gleich mal aus: „Ich glaube …"

Der Austausch mit anderen Glaubenden ist auch deshalb so wichtig, weil für die Bibel das Miteinander der Christen eine Selbstverständlichkeit ist. Die in Europa oft gepflegte Einstellung „Ich glaube halt für mich alleine" könnten die neutestamentlichen Autoren überhaupt nicht nachvollziehen: „Wie kann man einen gesunden Glauben entwickeln, wenn man sich nicht austauscht, nicht regelmäßig infrage gestellt wird und nichts dazulernt?" Glaube braucht Gemeinschaft.

Dazu kommt, dass Spiritualität unendlich vielfältig ist: Vielleicht hat ja ein anderer mit Gott etwas erlebt, das auch mir weiterhelfen würde. Abgesehen davon gibt es einfach viele Ausdrucksformen des Glaubens, die nur in der Gruppe wirklich ihren Charme entfalten: Singen, feiern, jubeln, weinen oder klagen kann man mit anderen Menschen zusammen oft leichter. Also suchen Sie die Gemeinschaft!

Rituale

Gute Sportler wissen, dass man seinen Körper trainieren muss, wenn man fit bleiben will. Mit dem Glauben ist das ähnlich. Wer nicht in Übung bleibt, muss sich nicht wundern, wenn alles in seinem Leben unbeweglich und mühsam ist. Darum empfehlen spirituelle Menschen gerne, eigene Rituale zu entwickeln, die den Glauben „geschmeidig" halten.

Dabei kommt es gar nicht so sehr darauf an, welche Rituale man entwickelt, wichtig ist, dass man es tut. Was also könnte das sein? Viele Menschen lesen täglich beim Frühstück die Tageslosung, andere beten vor dem Essen, einige nehmen sich regelmäßig Zeit, um in der Bibel zu lesen, wieder andere besuchen einen Gottesdienst oder gehen einmal in der Woche spazieren, weil sie sich im Wald besser auf Gott konzentrieren können. Wieder andere schreiben ihre Gebetsanliegen jeden Abend in ein Tagebuch (→ *Fünf praktische Tipps zum Beten*).

Wer einmal versucht hat, solche hilfreichen Rituale zu pflegen, wird bald merken, dass Gott nicht nur im Bewusstsein, sondern auch in den Erfahrungen viel präsenter wird. Ein genialer Musiker hat einmal gesagt „Wenn ich einen Tag nicht übe, merke ich es. Wenn ich zwei Tage nicht übe, merken es meine Freunde. Und wenn ich drei Tage nicht übe, merkt es mein Publikum." Darauf hat ein Christ erwidert: „Bei mir ist es mit dem Beten genauso. Bete ich einen Tag nicht, spüre ich es. Nach zwei Tagen meine Freunde. Nach drei Tagen alle um mich herum." Stimmt. Pflegen Sie daher fröhlich einige wohltuende geistliche Rituale.

Perspektivenwechsel

Glaube meint, wie oben erläutert, immer einen Perspektivenwechsel in Bezug auf das Dasein (→ *Fünf anregende Gründe für das Christentum*). Wer sich von Gott geliebt weiß, der entdeckt, dass ihn viele alltägliche Herausforderungen nicht mehr beherrschen und beeinflussen. Was meine ich damit? Natürlich möchte auch ein Christ ein erfolgreiches, schönes und angenehmes Leben führen. Aber davon hängt nicht mehr das Heil seiner Existenz ab. Er weiß, dass er wertvoll ist, selbst wenn mal ein Projekt schiefgeht oder er sich bis auf die Knochen blamiert (→ *Was man über Gnade wissen sollte*).

Eine solche Einstellung hat Konsequenzen. Christen können gelassener durchs Leben gehen. Beruhigt. Sie haben in Gott Ruhe gefunden. Sie sind nicht gezwungen, aus ihrem Dasein mit Gewalt alles herauszupressen, „was nur geht", um ihm Sinn zu verleihen. Ihr Leben erhält bereits dadurch Sinn, dass sie von Gott getragen und beauftragt sind. Und sie halten ihr Leben dann für gelungen, wenn sie dazu beitragen konnten, das Reich Gottes ein Stück voranzubringen. „Gewinnen" heißt für Christen nicht, andere zu besiegen, sondern vom Siegen nicht mehr abhängig zu sein.

Diese Veränderung der „Kriterien für ein gelingendes Dasein" kann man üben. Und es macht sogar Spaß. Viel Spaß! Weil man bald feststellt, dass man dadurch eine viel positivere Lebenseinstellung bekommt: Man tritt quasi einen Schritt zurück und schaut die Welt und sich selbst aus dem Blickwinkel des Himmels an. Da wird vieles, was einem vorher den Schlaf raubte, plötzlich ganz unwichtig. Und anderes, das man vor lauter Unruhe immer wieder übersehen hat, entpuppt sich als Quelle wunderschöner Erfahrungen. So entsteht Lust am Glauben.

Fünf praktische Tipps zum Beten

Als die Germanen von den Christen missioniert wurden, kannten sie gar kein Wort für Beten. Kein Wunder: Dass man sich ganz persönlich und im Vertrauen auf eine Antwort an eine Gottheit wendet, war in den nordischen Religionen nicht vorgesehen. Für die Missionare dagegen war das Gebet ihr täglich Brot, ihr Halt, ihre Stärke. Gott war nah und ansprechbar. Bald erkannten auch die Germanen, wie ungewöhnlich und existenziell die intime Hinwendung zum „Schöpfer aller Himmel" ist – und sie nahmen für diese neue Erfahrung das schlichte althochdeutsche Wort „Bitten".

Schon die Bibel erzählt fast auf jeder Seite, dass Glaubende mit Gott Zwiesprache halten. Sie rufen, flehen, loben, schimpfen, jubeln, klagen und preisen. Dabei haben diese vielfältigen Ausdrucksformen des Gebets zumeist mit konkreten Lebenserfahrungen zu tun. Aufzählungen von Anliegen oder Ähnliches kennt die Bibel eigentlich nicht. Nur im Vaterunser, dem Gebet, das Jesus seinen Jüngern als Mustergebet vorstellt und das die Kirche seither begleitet, findet sich der Versuch einer Struktur (→ *Vaterunser*).

In der Kirchengeschichte gab es – was das Gebet angeht – übrigens immer wieder Wellenbewegungen: Zeiten intensiven individuellen Austauschs der Einzelnen mit Gott wechselten sich ab mit Phasen, in denen vor allem liturgisch vorformulierte Texte gesprochen wurden. Das zeigt auch die Reformation: Martin Luther versuchte, die ritualisierten katholischen Gebetsformen durch eine erneuerte persönliche Gebetspraxis zu überwinden. Ja, er wollte die Gläubigen ermutigen, ihr ganzes Leben als ein Gebet zu verstehen. Hier einige Anregungen, wie man das umsetzen kann.

Tradition

Schon die ersten Christen waren herausgefordert, das Gebet für sich neu zu entdecken und zu definieren. Aus den jüdischen Tempelkulten kannten sie natürlich die Psalmen, dieses große Gebetsbuch der Bibel, in dem eigentlich alle menschlichen Gefühlsregungen und Erfahrungen ihren Platz haben. Daneben gab es aber strenge Vorschriften, welche Gebete ein frommer Jude wann zu sprechen hatte. Das wollten die Christen nicht mehr. Für sie war das Gebet ein Zeichen der Freiheit. Der Erlösung. Jeder kann und darf mit Gott reden, wie er will und wann er will.

Darum legt das Christentum schon immer großen Wert darauf, dass Gebete nicht formelhaft, sondern subjektiv und authentisch gesprochen werden. Luther betonte sogar, dass ein wahres Gebet „aus dem Herzen" kommen müsse. Dennoch findet man zu allen Zeiten die Tendenz, sich doch wieder auf einige wenige Gebetstexte zurückzuziehen. Vielleicht, weil traditionelle und über Jahrhunderte bewährte Worte eine besondere Kraft haben. Andererseits führen solche geprägten Texte dazu, dass der Einzelne eben nicht mehr persönlich betet. Hier gilt es, eine gesunde Balance zu halten.

Wer noch Gebetsanfänger ist und unsicher, was er beten soll, kann sich einfach mal hinsetzen und die großen Gebete der Christenheit nachsprechen. Zeilen, die schon Millionen von Menschen getröstet und getragen haben. Dabei gilt aber immer die Aufforderung: „Füll diese Worte mit deinem Leben. Finde dich darin wieder. Mach den Text zu deinem Text." Übrigens schließen die Christen auf der ganzen Welt ihre Gebete noch immer mit dem Schlusswort aus dem jüdischen Tempelritus: „Amen" (= „Wahrlich, das soll geschehen"; „So soll es sein!").

Kontaktaufnahme

Martin Luther war der festen Überzeugung, dass man zu jeder Zeit, an jedem Ort und in jeder Gemütslage beten kann, darf und auch sollte. Natürlich sollte man sich überlegen, ob man morgens in der U-Bahn oder bei einem Vortrag über Quantenphysik unbedingt laut beten muss, aber letztlich gibt es keine Einschränkung für ein Gebet. Mancher sucht dafür die Stille, andere lassen hier und da mal ein Stoßgebet los und wieder andere nutzen dafür lange Autofahrten.

Das große Geheimnis des christlichen Glaubens besteht ja darin, dass Gott durch den Tod seines Sohnes Jesus alle Schranken zwischen sich und den Menschen niedergerissen hat. Darum braucht man beim Beten auch keinerlei Scheu zu haben. Jesus zum Beispiel empfiehlt, Gott „Abba" zu nennen. Das heißt auf Deutsch so viel wie „Papa" und ist als Kosename zu verstehen. Insofern braucht Gott auch keine gestelzte Sprache. Man darf reden, wie einem der Schnabel gewachsen ist: „Hör mal zu, Papa …"

Und weil dem so ist, hat man im Christentum auch früh die altorientalische Gebetshaltung der Unterwerfung abgeschafft. Im alten Judentum, aber auch noch im heutigen Islam werfen sich die Menschen auf die Knie und beugen sich symbolisch vor Gott. Jesus dagegen hat oft stehend mit erhobenem Blick gebetet – dem Himmel zugewandt. Natürlich gibt es auch unter Christen einige, die beim Beten den Kopf senken. Wenn ihnen das bei der Kontemplation hilft, ist es gut, als Zeichen von Unterwerfung schlecht. Gott lädt uns ein, erhobenen Hauptes mit ihm zu reden. Frisch, fromm, fröhlich und frei.

Themen

Klassischerweise bringen Glaubende im Gebet bestimmte Anliegen vor Gott und danken für das Gute, das ihnen widerfährt. Dagegen ist auch nichts zu sagen. Martin Luther aber war das zu wenig. Für ihn war ein Gebet nicht nur eine Ansammlung von Worten, sondern alles, „was die Seele in Gottes Wort zu schaffen, zu hören, zu reden, zu dichten, zu betrachten" vermag. Sprich: „Beten" heißt für ihn, sein Leben zu Gott in Bezug setzen. Es jederzeit vor Gott verantworten. Im Austausch mit Gott leben.

Darum ist Gebet eben nicht nur das regelmäßige Händefalten und Abarbeiten eigener und fremder Sehnsüchte, sondern eher eine Form der Lebenseinstellung: „Alles, was ich tue, will ich mit Gott besprechen. Vor ihn bringen." Deshalb gibt es auch keine Themen, die nicht ins Gebet gehören. Da haben kleine Lebensgenüsse genauso Platz wie Ängste oder Verdauungsschwierigkeiten. Nur keine Hemmungen. Gott hat auch keine.

Ein anderer Gedanke war für die Reformatoren auch noch wichtig: Wort und Tat gehören zusammen. Es gibt eine Anekdote, die das schön verdeutlicht: Nachdem ein frommer Mann zehn Jahre lang intensiv gebetet hatte, dass Gott ihn doch bitte einmal im Lotto möge gewinnen lassen, stand endlich ein Engel in seinem Zimmer. Der sagte: „Gib uns eine Chance. Kauf dir mal ein Los!" Das heißt: Wer bestimmte Anliegen vor Gott bringt, sollte auch seinerseits alles Menschenmögliche tun, um zur Erfüllung beizutragen. Oder wie ein kluger Mensch formuliert hat: „Arbeite, als ob alles Beten nichts nutzt. Und bete, als ob alles Arbeiten nichts nutzt."

Formen

Es gibt natürlich unzählige Arten des Betens. Und wir tun Gott keinen Gefallen, wenn wir uns auf eine beschränken. Man kann betend singen, tanzen oder weinen. Und es ist auch keine Schande, sich Hilfen einfallen zu lassen, wenn etwa beim stillen Gebet die Gedanken allzu gerne abdriften. Manche Leute legen sich zum Beispiel ein „Gebetstagebuch" an, in dem sie einfach ihre Gebete aufschreiben.

Das hat den großen Vorteil, dass man ab und an hineinschauen und nachprüfen kann, ob und was davon eingetroffen ist. Denn eines sollte auch klar sein: Obwohl es immer wieder passiert, dass Menschen Gottes Stimme ganz deutlich hören, in Träumen Botschaften empfangen oder plötzlich ohne jeden Zweifel wissen, wie sie sich in einer schwierigen Situation entscheiden müssen, gilt: Gott reagiert selten so, dass wir seine Antwort direkt verstehen. Gebetstagebuchschreiber vermelden aber erfreut, dass ihnen die schriftliche Form deutlich macht, wie viel Resonanz ihre Gebete finden.

Trotzdem gibt es zu allen Zeiten auch unerhörte Gebete. Sogar sehr viele. Ob das daran liegt, dass wir uns Dinge wünschen, die gar nicht gut für uns sind, ob Gott anderes mit uns vorhat oder ob er einfach gerade mal nicht möchte: Das weiß leider niemand. Das Gebet hat letztlich auch etwas mit Vertrauen zu tun. Und damit, dass uns in der Bibel fest zugesagt wird, dass Gott unsere Gebete wirklich hört – und das Beste für uns will.

Intensität

Beten macht das Leben intensiver. Weil wir mit unseren Fragen, Hoffnungen und Sehnsüchten nicht allein sind und uns nicht allein fühlen. Wir verarbeiten die existenziellen Fragen unseres Daseins, indem wir sie im Gebet Gott anvertrauen. Und mancher hat (spätestens im Rückblick) erkannt, dass er gerade dadurch an den entscheidenden Wendepunkten seines Lebens die richtigen Wege gegangen ist.

In einigen christlichen Kreisen übt man inzwischen sogar wieder das „Herzensgebet", eine Technik, bei der der Atem mit bestimmten Gebetsworten verbunden wird. Wenn man zum Beispiel bei jedem Einatmen innerlich sagt „Jesus Christus" und beim Ausatmen „Bewahre mich" (und das einige Zeit übt), dann wird daraus irgendwann ein Automatismus. Das heißt: Die Seele betet weiter. Auch unbewusst. Martin Luther hätte das sicher gefallen.

Und nicht zuletzt: Von Anfang an haben Christen den schönen Brauch gepflegt, dass man füreinander beten kann. Wir sind eingeladen, die Anliegen anderer in unser Gebet einzuschließen. Und wir dürfen sie auch bitten, für uns zu beten. Laut oder leise. Vielleicht sogar in unserer Gegenwart. Und wenn sie uns dann Gottes Liebe zusagen, dann heißt das Segen. „Segen ist wie ein Kuss Gottes", hat ein schlauer Mensch einmal gesagt. Stimmt. Diesen Segen kann man immer wieder erfahren. Und siehe: Er trägt durch das Leben.

Geld und Gut kann ich dir nicht hinterlassen.
Aber einen reichen Gott.
— Martin Luther —

Martin Luthers Kleiner Katechismus

1529 veröffentlichte Martin Luther selbst ein „Handbuch des christlichen Glaubens". Das nannte er „den Kleinen Katechismus" (Katechismus = „Glaubenslehre"). Weil er zu oft Menschen begegnet war, die sogar die grundlegendsten Dinge über Gott und die Kirche nicht wussten. Und schon damals galt: Wenn jemand keine Ahnung hat, was Christen glauben, dann kann er dazu auch nicht wirklich Ja oder Nein sagen. Luther formulierte das noch ein wenig pointierter: Im Kleinen Katechismus steht, „was jeder Christ unbedingt wissen muss, so dass man den, der es nicht weiß, nicht zu den Christen zählen kann. So, wie man auch einen Handwerker, der von seinem Handwerk nichts weiß und versteht, vom Gewerbe ausschließt."

Weil der Kleine Katechismus die Grundgedanken der Bibel sehr einprägsam zusammenfasst, wurde er bald zu einer Art Laienbibel, die im Volk eifrig gelesen wurde. Hier hatte man das Evangelium als Konzentrat. Letztlich erklärt der große Reformator darin kurz und knackig die Zehn Gebote, das Glaubensbekenntnis, das Vaterunser (→ *Was man über die Liturgie wissen sollte*), die Taufe (→ *Was man über die Taufe wissen sollte*) und das Abendmahl (→ *Fünf Unterschiede zwischen Katholiken und Protestanten*) – die Dinge also, die den Menschen immer wieder im Gottesdienst begegnen. Zudem stehen die Zehn Gebote für das Alte Testament, das Vaterunser (als Gebet Jesu) für das Neue Testament, das Glaubensbekenntnis für die Kirchengeschichte sowie die Taufe und das Abendmahl für die kirchliche Praxis. Insofern ist der Kleine Katechismus so etwas wie ein geballtes Mini-Theologiestudium.

Wichtig war für Luther, dass die theologischen Gedanken verständlich und nachvollziehbar wurden (→ *Was man über die Bibel-Übersetzung wissen sollte*). Deshalb stellte er nach jeder Aussage die Frage: „Was ist das?" Ich habe diese mittelalterliche Formulierung in „Was heißt das?" umgewandelt und die Grammatik wegen der Verständlichkeit ein wenig unseren Sprachgewohnheiten angepasst. Ansonsten finden Sie hier den Originaltext aus dem 16. Jahrhundert. Inklusive zweier Anregungen Luthers, wie man den Morgen und den Abend mit Gott eröffnen bzw. beenden kann.

Die Zehn Gebote

Das erste Gebot: Ich bin der Herr, dein Gott.
Du sollst keine anderen Götter haben neben mir.
Was heißt das? Wir sollen Gott mehr achten, ehren und lieben als alles andere.

Das zweite Gebot: Du sollst den Namen des Herrn, deines Gottes, nicht unnütz gebrauchen; denn der Herr wird den nicht ungestraft lassen, der seinen Namen missbraucht.
Was heißt das? Wir sollen Gott dadurch achten und lieben, dass wir nicht in seinem Namen fluchen, schwören, zaubern, lügen oder betrügen, sondern ihn selbst anrufen, anbeten, loben und ihm danken.

Das dritte Gebot: Du sollst den Feiertag heiligen.
Was heißt das? Wir sollen Gott dadurch achten und lieben, dass wir die Predigt und sein Wort niemals geringschätzen, sondern sie heilig halten, gerne hören und davon lernen.

Das vierte Gebot: Du sollst deinen Vater und deine Mutter ehren,
auf dass es dir wohl gehe und du lange lebst auf Erden.
Was heißt das? Wir sollen Gott dadurch achten und lieben, dass wir
nicht auf unsere Eltern und Vorgesetzten herabschauen oder sie er-
zürnen, sondern dass wir sie in Ehren halten, ihnen dienen, gehor-
chen und sie liebhaben und wertschätzen.

Das fünfte Gebot: Du sollst nicht töten.
Was heißt das? Wir sollen Gott dadurch achten und lieben, dass wir
unserm Nächsten keinen körperlichen Schaden noch irgendein Leid
zufügen, sondern ihm helfen und in allen Nöten beistehen.

Das sechste Gebot: Du sollst nicht ehebrechen.
Was heißt das? Wir sollen Gott dadurch achten und lieben, dass wir
moralisch und verantwortungsvoll handeln und reden und einander
in der Ehe lieben und ehren.

Das siebte Gebot: Du sollst nicht stehlen.
Was heißt das? Wir sollen Gott dadurch achten und lieben, dass wir
das Geld oder Gut unseres Nächsten nicht wegnehmen oder in betrü-
gerischer Absicht an uns bringen, sondern ihm helfen, sein Gut und
seine Versorgung zu verbessern und zu behüten.

Das achte Gebot: Du sollst nicht falsch Zeugnis reden wider deinen
Nächsten.
Was heißt das? Wir sollen Gott dadurch achten und lieben, dass wir
unsern Nächsten nicht belügen, verraten, verleumden oder seinem
Ruf schaden, sondern für ihn eintreten, Gutes von ihm reden und
alles zu seinem Besten wenden.

Das neunte Gebot: Du sollst nicht begehren deines Nächsten Haus.
Was heißt das? Wir sollen Gott dadurch achten und lieben, dass wir nicht versuchen, den Besitz und das Haus unseres Nächsten illegal oder mit List zu bekommen, sondern ihn darin unterstützen, dass er sein Eigentum behalten kann.

Das zehnte Gebot: Du sollst nicht begehren deines Nächsten Weib,
Knecht, Magd, Vieh noch alles, was sein ist.
Was heißt das? Wir sollen Gott dadurch achten und lieben, dass wir unserm Nächsten nicht seine Frau, Mitarbeiter oder Vieh ausspannen, abwerben oder abspenstig machen, sondern sie ermutigen, dass sie bei ihm bleiben und das tun, was sie ihm schuldig sind.

Was sagt nun Gott zu diesen Geboten? Er sagt: *Ich der Herr, dein Gott, bin ein eifernder Gott, der an denen, die mich hassen, die Sünde der Väter heimsucht bis zu den Kindern im dritten und vierten Glied; aber denen, die mich lieben und meine Gebote halten, tue ich wohl bis ins tausendste Glied.*
Was heißt das? Gott droht all die, die diese Gebote übertreten, zu bestrafen; darum sollen wir uns vor seinem Zorn fürchten und nicht gegen seine Gebote handeln. All denen aber, die diese Gebote halten, verheißt Gott Gnade und alles Gute; darum sollen wir ihn ja auch lieben und ihm vertrauen und seine Gebote gern befolgen.

Das Glaubensbekenntnis

Der erste Artikel. Von der Schöpfung

Ich glaube an Gott, den Vater, den Allmächtigen,
den Schöpfer des Himmels und der Erde.
Was heißt das? Ich glaube, dass Gott mich und alle Geschöpfe geschaffen hat. Er hat mir den Körper und die Seele, Augen, Ohren und

alle Gliedmaßen, die Vernunft und alle Sinne gegeben und kümmert sich bis heute um sie. Er versorgt mich mit Kleidern und Schuhen, Essen und Trinken, Haus und Hof, Weib und Kind, Acker, Vieh und verschiedenen Gütern, mit allem, was ich zum Leben brauche. Ich glaube, dass Gott mich täglich reichlich versorgt, mich in allen Gefahren beschützt und vor allem Übel behütet und bewahrt. Er macht das alles aus lauter väterlicher, göttlicher Güte und Barmherzigkeit, nicht, weil ich es verdient hätte oder besonders würdig wäre. Darum ist es nur richtig, dass ich ihm dafür danke, ihn lobe, ihm diene und ihm gehorsam bin. Dessen bin ich gewiss.

Der zweite Artikel. Von der Erlösung

Und an Jesus Christus,
seinen eingeborenen Sohn, unsern Herrn,
empfangen durch den Heiligen Geist,
geboren von der Jungfrau Maria,
gelitten unter Pontius Pilatus,
gekreuzigt, gestorben und begraben,
hinabgestiegen in das Reich des Todes,
am dritten Tage auferstanden von den Toten,
aufgefahren in den Himmel;
er sitzt zur Rechten Gottes, des allmächtigen Vaters;
von dort wird er kommen,
zu richten die Lebenden und die Toten.

Was heißt das? Ich glaube, dass Jesus Christus mein Herr ist. Er ist wahrhaftig Gott, weil er von Gott, dem Vater, herkommt, und wahrhaftig Mensch, weil er von der Jungfrau Maria geboren wurde. Jesus hat mich, den verlorenen und von Gott getrennten Menschen, erlöst. Er hat mich zu sich gerufen und befreit: von allen Sünden, vom Tod und aus der Gewalt des Teufels. Das hat er nicht mit Gold oder Silber bezahlt, sondern mit seinem heiligen Blut und seinem unschuldigen Leiden und Sterben. Damit ich sein Eigen sein kann und in seinem Reich unter seiner Herrschaft lebe und ihm in ewiger Gerechtigkeit, Unschuld und Seligkeit diene – so wie auch er vom Tode auferstanden ist, lebt und in Ewigkeit regiert. Dessen bin ich gewiss.

Der dritte Artikel. Von der Heiligung

Ich glaube an den Heiligen Geist,
die heilige christliche Kirche,
Gemeinschaft der Heiligen,
Vergebung der Sünden,
Auferstehung der Toten
und das ewige Leben. Amen.

Was heißt das? Ich glaube, dass ich nicht aus eigener Vernunft oder Kraft an Jesus Christus, meinen Herrn, glauben oder zu ihm kommen kann. Der Heilige Geist hat mich durch das Evangelium berufen und mit seinen Gaben erleuchtet. Er bewahrt mich im rechten Glauben. So, wie er die ganze Christenheit auf Erden beruft, versammelt, erleuchtet, heiligt und bei Jesus Christus hält – im rechten Glauben. Der Heilige Geist vergibt mir und allen Gläubigen täglich unsere Sünden, erweckt alle Toten und mich am Jüngsten Tage vom Tod und gibt mir und allen Gläubigen in Christus das ewige Leben. Dessen bin ich gewiss.

Das Vaterunser

Die Anrede

Vater unser im Himmel.
Was heißt das? Gott sagt uns zu, dass wir eines glauben können: Er ist unser Vater, und wir sind seine Kinder. Darum dürfen wir ihn getrost und voller Zuversicht ansprechen, wie Kinder einen liebenden Vater bitten.

Die erste Bitte

Geheiligt werde dein Name.
Was heißt das? Gottes Name ist zwar an sich heilig; aber wir bitten Gott, dass sein Name auch bei uns heilig werde.

Wie geschieht das? Dadurch, dass das Wort Gottes in guter Absicht und richtig gelehrt wird und wir als Kinder Gottes danach leben. Hilf uns dabei, lieber Vater im Himmel! Wer aber etwas anderes lehrt und lebt als das, was das Wort Gottes lehrt, der entheiligt den Namen Gottes. Davor behüte uns, himmlischer Vater!

Die zweite Bitte

Dein Reich komme.
Was heißt das? Gottes Reich kommt auch ohne unser Gebet, aber wir bitten in diesem Gebet, dass es auch in unserem Leben erfahrbar wird.

Wie geschieht das? Dadurch, dass der himmlische Vater uns seinen Heiligen Geist gibt und dass wir seinem heiligen Wort durch seine Gnade glauben und danach leben, hier und in Ewigkeit.

Die dritte Bitte

Dein Wille geschehe, wie im Himmel, so auf Erden.

Was heißt das? Gottes liebevoller Wille geschieht auch ohne unser Gebet; aber wir bitten ihn, dass dieser Wille auch in unserem Leben regiert.

Wie geschieht das? Dadurch, dass Gott alle bösen Absichten vereitelt und diejenigen hindert, die seinen Namen nicht heiligen und sein Reich nicht kommen lassen wollen – wie etwa den Teufel, die Welt und unsere Begierden. Dafür stärkt Gott unseren Glauben bis ans Ende. Das ist sein gnädiger, guter Wille.

Die vierte Bitte

Unser tägliches Brot gib uns heute.

Was heißt das? Gott gibt auch ohne unsere Bitte allen Menschen das tägliche Brot, sogar den bösen; aber wir bitten in diesem Gebet, dass er uns erkennen lässt, dass er der Geber ist, damit wir unser Essen dankbar zu uns nehmen.

Was heißt „tägliches Brot"? Alles, was ein Mensch braucht: Essen, Trinken, Kleider, Schuhe, Haus, Hof, Einkommen, Besitz, Geld, Gut, fromme Ehepartner, fromme Kinder, fromme Gehilfen, fromme und treue Vorgesetzte, eine gute Regierung, gutes Wetter, Friede, Gesundheit, Anstand, Ehre, treue Freunde, nette Nachbarn und so weiter.

Die fünfte Bitte

Und vergib uns unsere Schuld, wie auch wir vergeben unsern Schuldigern.

Was heißt das? Wir bitten in diesem Gebet, dass der Vater im Himmel unsere Sünden nicht beachte und uns um ihretwillen unsere Bitten nicht versage. Wir wissen, dass wir es nicht verdient haben, erhört zu werden. Darum möge er uns alles aus Gnaden geben, obwohl wir täglich sündigen und eher Strafe verdienen. Im Gegenzug wollen auch wir anderen aus ganzem Herzen vergeben und gerne denen Gutes tun, die sich an uns versündigen.

Die sechste Bitte

Und führe uns nicht in Versuchung.
Was heißt das? Gott versucht zwar niemanden; aber wir bitten in diesem Gebet um Gottes Schutz davor, dass uns der Teufel, die Welt und unser Fleisch betrügen oder zum Unglauben, zur Verzweiflung und zu anderen großen Lastern verführen. Wenn wir aber angefochten werden, bitten wir, dass wir am Ende gewinnen und den Sieg behalten.

Die siebte Bitte

Sondern erlöse uns von dem Bösen.
Was heißt das? Wir bitten in diesem Gebet, dass uns der Vater im Himmel vor allem Bösen und allem Schaden an Körper und Seele, Besitz und Ehre bewahrt – und dass er uns, wenn unser letztes Stündlein kommt, ein seliges Ende beschere und mit Gnaden von diesem Jammertal zu sich in den Himmel nehme.

Der Beschluss

Denn dein ist das Reich und die Kraft und die Herrlichkeit in Ewigkeit. Amen.
Was heißt Amen? Dass ich gewiss sein kann, dass meine Bitten dem Vater im Himmel angenehm sind und von ihm erhört werden. Denn er selbst hat uns ja geboten, so zu beten, und uns verheißen, dass er uns erhören will. Amen heißt: „So soll es geschehen."

Die Taufe

Zum Ersten: Was ist die Taufe?

Bei der Taufe geht es nicht nur um das Wasser, sondern um den Bezug zu Gottes Geboten und zu seinen Worten.

Welche Worte Gottes sind hier gemeint? Unser Herr Christus sagt im letzten Kapitel des Matthäusevangeliums: „Geht hin in alle Welt und macht zu Jüngern alle Völker: Tauft sie auf den Namen des Vaters und des Sohnes und des Heiligen Geistes."

Zum Zweiten: Was gibt oder nutzt die Taufe?

Sie wirkt die Vergebung der Sünden, erlöst von Tod und Teufel und schenkt allen die ewige Seligkeit, die daran glauben. Das verheißen uns die Worte Gottes.

Welche Worte und Verheißungen Gottes sind hier gemeint? Unser Herr Christus sagt im letzten Kapitel des Markusevangeliums: „Wer glaubt und getauft wird, der wird selig werden; wer aber nicht glaubt, der wird verdammt werden."

Zum Dritten: Wie kann Wasser so etwas Großartiges bewirken?

Das geschieht natürlich nicht durch das Wasser, sondern durch das Wort Gottes, das mit und bei dem Wasser ist – und durch den Glauben, der diesem Wort Gottes vertraut. Denn ohne das Wort Gottes ist das Wasser nur Wasser; aber mit dem Worte Gottes wird es zu einer Taufe: Dann wird das Wasser zum Wasser des Lebens und erwirkt eine Neugeburt im Heiligen Geist. So wie Paulus im Titusbrief schreibt: „Gott macht uns selig durch das Bad der Wiedergeburt und die Erneuerung im Heiligen Geist, den er über uns reichlich ausgegossen hat durch Jesus Christus, unsern Heiland, damit wir, durch seine Gnade gerecht geworden, Erben des ewigen Lebens würden nach unsrer Hoffnung" (*3,5–7*). Dessen bin ich gewiss.

Zum Vierten: Was bedeutet das Taufen mit Wasser?

Es bedeutet, dass der alte Adam in uns durch tägliche Reue und Buße ersäuft werden und mit allen Sünden und bösen Lüsten sterben soll. So, dass täglich in uns ein neuer Mensch aufersteht, der in Gerechtigkeit und Reinheit vor Gott ewiglich lebt.

Wo steht das geschrieben? Der Apostel Paulus schreibt im Römerbrief: „Wir sind mit Christus begraben durch die Taufe in den Tod, damit, wie Christus auferweckt ist von den Toten durch die Herrlichkeit des Vaters, auch wir in einem neuen Leben wandeln" (*6,4*).

Das Abendmahl

Zum Ersten: Was ist das Sakrament?

Christus selbst hat uns Christen seinen wahren Leib und sein Blut zu essen und zu trinken angeboten und das Abendmahl eingesetzt.

Wo steht das geschrieben? So schreiben die heiligen Evangelisten Matthäus, Markus, Lukas und der Apostel Paulus:

Unser Herr Jesus Christus, in der Nacht, da er verraten ward,
nahm er das Brot, dankte und brach es und gab es seinen Jüngern und
sprach:
Nehmet hin und esset: Das ist mein Leib, der für euch gegeben wird;
solches tut zu meinem Gedächtnis.
Desgleichen nahm er auch den Kelch nach dem Abendmahl,
dankte und gab ihnen den und sprach: Nehmet hin und trinket alle daraus:

Dieser Kelch ist das neue Testament in meinem Blut, das für euch vergossen wird zur Vergebung der Sünden; solches tut, sooft ihr's trinket, zu meinem Gedächtnis.

Zum Zweiten: Was nützt dieses Essen und Trinken?

Das zeigen uns die Worte: „Für euch gegeben und vergossen zur Vergebung der Sünden". Im Sakrament erfahren wir die Vergebung der Sünden, und es wird uns Leben und Seligkeit gegeben; denn da, wo wir die Vergebung der Sünden erfahren, erleben wir auch Leben und Seligkeit.

Zum Dritten:
Wie kann Essen und Trinken so etwas Großartiges bewirken?

Das geschieht natürlich nicht durch Essen und Trinken, sondern durch die dazugehörigen Worte: „Für euch gegeben und vergossen zur Vergebung der Sünden". Diese Worte sind neben dem leiblichen Essen und Trinken das Hauptstück im Sakrament. Und wer diesen Worten glaubt, der erlebt das, was sie sagen, nämlich: Vergebung der Sünden.

Zum Vierten: Wer ist würdig, dieses Sakrament zu empfangen?

Es ist zwar gut und sinnvoll, sich durch Fasten auf das Abendmahl vorzubereiten; würdig aber ist jeder, der diesen Worten glaubt: „Für euch gegeben und vergossen zur Vergebung der Sünden". Wer diesen Worten nicht glaubt oder an ihnen zweifelt, der ist unwürdig; denn das Wort „Für euch" erfordert ein glaubendes Herz.

Morgen- und Abendgebet

Luthers Morgensegen

Wenn du morgens aufstehst, kannst du dich mit dem Zeichen des heiligen Kreuzes segnen und sagen:
Gott, der Vater, der Sohn und der Heilige Geist sei mit mir! Amen.

Darauf kannst du kniend oder stehend das Glaubensbekenntnis und das Vaterunser sprechen. Und wenn du willst, kannst du dieses Gebet dazu beten:
Ich danke dir, mein himmlischer Vater,
durch Jesus Christus, deinen lieben Sohn,
dass du mich diese Nacht vor allem Schaden
und Gefahr behütet hast, und bitte dich,
dass du mich auch an diesem Tag
vor Sünden und allem Übel behütest
und dass dir all mein Tun und Leben gefalle.
Ich befehle mich, meinen Leib und Seele
und alles in deine Hände.
Dein heiliger Engel sei mit mir,
damit das Böse keine Macht über mich bekomme.

Danach geh mit Freuden an dein Tagwerk. Am besten mit einem Lied oder etwas, zu dem dich deine Andacht inspiriert hat.

Luthers Abendsegen

Abends, wenn du ins Bett gehst, kannst du dich mit dem Zeichen des heiligen Kreuzes segnen und sagen:
Gott, der Vater, der Sohn und der Heilige Geist sei mit mir! Amen.

Darauf kannst du kniend oder stehend das Glaubensbekenntnis und das Vaterunser sprechen. Und wenn du willst, kannst du dieses Gebet dazu beten:

Ich danke dir, mein himmlischer Vater,
durch Jesus Christus, deinen lieben Sohn,
dass du mich diesen Tag gnädig behütet hast,
und bitte dich, dass du mir alle meine Sünde vergibst,
da, wo ich Unrecht getan habe,
und mich diese Nacht auch gnädig behütest.
Ich befehle mich, meinen Leib und Seele
und alles in deine Hände.
Dein heiliger Engel sei mit mir,
damit das Böse keine Macht über mich bekomme.

Danach gilt: flugs und fröhlich geschlafen.

Je genauer man die Schöpfung betrachtet,
desto größere Wunder entdeckt man in ihr.
— Martin Luther —

Schlusswort

Das war sie: unsere kleine Reise durch die wundersame Welt des evangelischen Glaubens. Ich hoffe, dass Sie bei der Lektüre eine inspirierende Zeit hatten und jetzt ein wenig genauer wissen, warum Protestanten so sind, wie sie sind. Oder warum sie manchmal nicht so sind, wie sie sein sollten und könnten.

Nichtsdestotrotz hat schon Martin Luther darauf hingewiesen, dass das beste Wissen und die umfangreichsten Informationen beim Glauben nicht das Wesentliche sind. O nein. Das Wesentliche findet man ganz anders. Nämlich dann, wenn man beginnt, die Dinge auszuprobieren. Im Leben anzuwenden. Den eigenen Kontakt zu Gott zu intensivieren. Der Reformator schreibt markig: „Jeder muss sich selbst darum kümmern, dass er der lebensrettenden Wahrheit gewiss und sicher ist. Er darf sich nicht auf die Aussagen oder die noch so überzeugenden Gedanken anderer Leute verlassen. Denn wenn er das tut, wird die Wahrheit eine Niederlage erleiden."
    Die Wahrheit des Glaubens ist immer eine persönliche Wahrheit. Eine Überzeugung. Ein Erleben. Ein Wohlergehen. Und das heißt: Ob die Sache mit Gott wahr ist, kann nur jeder für sich klären. Ja, selbst wenn ein Mensch noch so überzeugt behauptet: „Ja, ich glaube, dass es Gott gibt!", bleibt diese Überzeugung ein nettes Gedankenspiel, wenn sie in seinem Leben keine Folgen hat. „Für wahr halten" ist kein

Glaube. Ja, sogar wenn man die Existenz Gottes übermorgen zweifelsfrei beweisen könnte, aber niemand daraufhin sein Verhalten und sein Lebensgefühl ändern würde, dann wäre das nach christlichem Verständnis ein ziemlich unbedeutendes Forschungsergebnis. Warum? Weil die Wahrheit Jesu mit Beziehung zu tun hat. Mit einem Horizont erweiternden Miteinander von Gott und Mensch. Mit dem Anbruch einer neuen Wirklichkeit. Mit einem veränderten Leben. Einem heilvollen Leben. Oder wie Martin Luther klug formulierte: „Die Rettung und Bewahrung des Lebens beginnt mit dem Glauben, der sich an das Wort des verheißenden Gottes hängt."

Nun mag mancher sagen: „Augenblick mal. Evangelischer Glaube macht also gelassen und bringt Heil ins Leben. Das klingt ja schön. Aber so rosig sieht es bei den Evangelischen doch gar nicht aus. Die machen doch selbst vieles falsch." „Hurra", würde Luther da erwidern, „du hast es verstanden. Wir sind allzumal Sünder. Aber dass wir es wissen und uns in Gottes Gnade aufgefangen wissen, macht den Unterschied. Das gibt uns Kraft, mit Leidenschaft daran zu arbeiten, dass es besser wird. Mit uns. Und der Welt. Und der Kirche. Und dem Glauben."

Evangelisch sein heißt: dranbleiben. An den Veränderungen. Am Ringen mit Gott. An der Hoffnung. An allem, was frei macht. Kritisch zu schauen, wo die „Freude am Herrn" in Gefahr ist und wo der Mensch seine Interessen Gott in den Weg stellt. Und es heißt, fröhlich zu feiern. Einen Gott, dessen Liebe Himmel und Erde in Bewegung gesetzt hat, um uns nah zu sein. Wenn dieses Buch Ihnen Gott und den Glauben an ihn ein wenig nähergebracht hat, dann ist es wirklich das, was es sein will: evangelisch.

Register